L'ŒUVRE

DE

CH. JACQUE

CATALOGUE

DE SES

EAUX-FORTES ET POINTES-SÈCHES

DRESSÉ

PAR J.-J. GUIFFREY

AVEC UNE EAU-FORTE INÉDITE

PARIS

CHEZ Mlle LEMAIRE, ÉDITEUR

110, BOULEVARD DE MAGENTA, 110

M DCCC LXVI

L'ŒUVRE

DE

CH. JACQUE

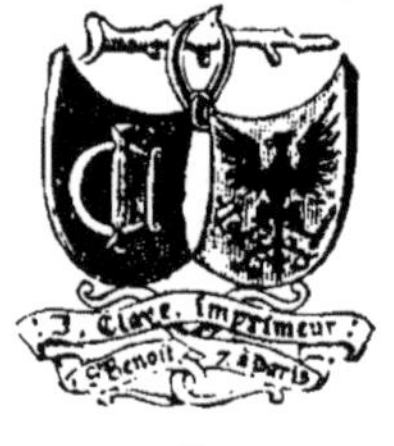
J. Claye, Imprimeur
Benoit, 7 à Paris

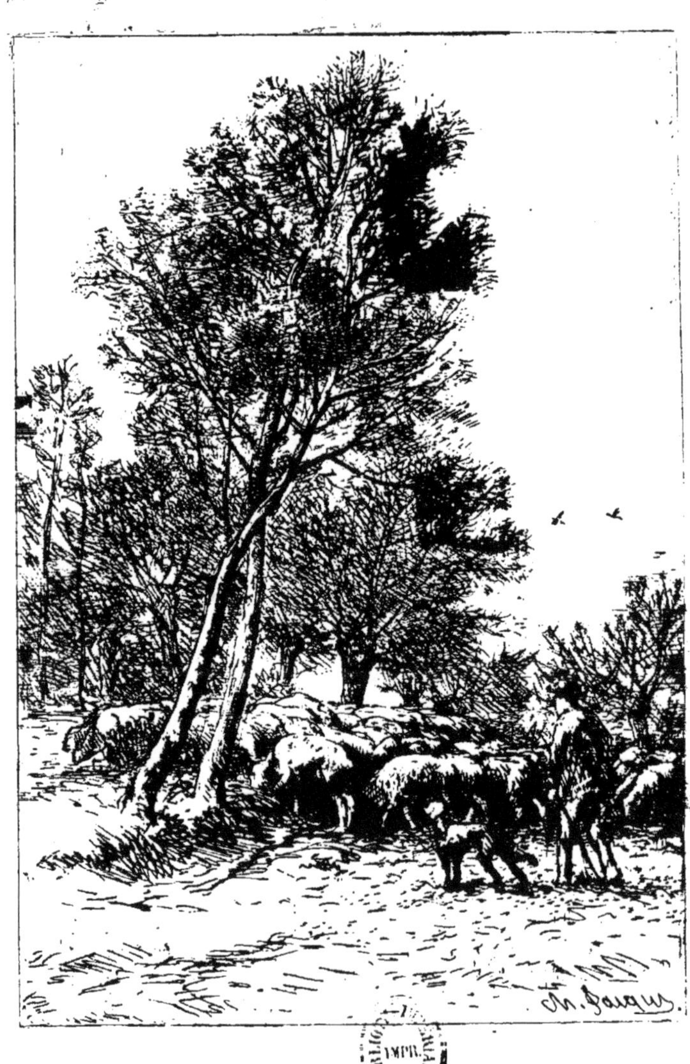
Ch. Jacque

L'ŒUVRE

DE

CH. JACQUE

CATALOGUE

DE SES

EAUX-FORTES ET POINTES SÈCHES

DRESSÉ

PAR J.-J. GUIFFREY

AVEC UNE EAU-FORTE INÉDITE

PARIS

CHEZ Mlle LEMAIRE, ÉDITEUR

110, BOULEVARD DE MAGENTA, 110

M DCCC LXVI

1866

INTRODUCTION

Un double motif nous a déterminé à dresser & à publier ce catalogue. Nous désirons, d'une part, épargner aux biographes & aux critiques futurs des erreurs, des incertitudes & des recherches que Gersaint & Bartsch auraient évitées si un contemporain du grand maître hollandais avait dressé, sous ses yeux & sous sa surveillance, la liste complète de ses gravures & de leurs états. D'un autre côté, les eaux-fortes de nos artistes modernes sont recherchées avec un empressement plus vif de jour en jour. Nous croyons donc rendre service aux amateurs en dressant le catalogue complet d'un des œuvres les plus importants & les plus étendus de notre temps; d'autant mieux que, déjà, certaines eaux-fortes de M. Jacque deviennent rarissimes, sans parler de celles dont il n'a été tiré que deux ou trois épreuves ou même un exemplaire unique. La collection de ses gravures que possède M. Jacque est complète, & si quelque malheureux hasard la disperse un jour, elle ne pourra sans doute plus être réunie. La complaisance inépuisable de l'auteur nous fournissait aussi des renseignements précieux dont il eût été fâcheux de ne pas faire profiter le public. Enfin, l'exemple d'écrivains plus compétents & plus autorisés nous a décidé à entreprendre cette publication, dont les historiens de l'art, non moins que les amateurs, pourront nous savoir gré.

D'ailleurs, l'idée que nous mettons à exécution ne nous appartient pas complétement. Nous devons en restituer la paternité à M. Ch. Blanc. Dans un article sur la gravure à l'eau-forte & les eaux-fortes de M. Jacque, publié par la *Gazette des Beaux-Arts*, le 15 février 1861, nous lisons cette note : « Nous publierons prochainement le catalogue des estampes de Jacque tel qu'il l'a dressé lui-même, & ce sera rendre service à l'artiste & aux amateurs. Ceux-ci ne s'amusent guère à colliger les eftampes d'un maître quand ils n'en ont pas le Bartsch. » L'œuvre de M. Jacque comprenait déjà trois cent cinquante planches ; une cinquantaine de nouvelles eaux-fortes ou pointes sèches est venue, dans ces dernières années, s'ajouter aux anciennes & former l'ensemble dont nous allons donner le détail.

Mais, auparavant, il convient de dire quelques mots de l'auteur & de son talent, & à ce propos nous nous trouvons singulièrement embarrassé. Comment échapper aux influences qu'exerce infailliblement sur notre sentiment une application assidue aux mêmes objets? Comment, dans nos appréciations, nous sauver de cet optimisme suspect, si justement reproché aux éditeurs? Comment conserver, dans notre situation, la stricte impartialité du critique? Pour sortir d'embarras, nous avons songé à invoquer un appui étranger, & M. Ch. Blanc va nous tirer d'affaire. Aussi bien doit-il nous secourir, car nous avons montré comment il a contribué à nous engager dans cette difficile entreprise.

Nous n'avons rien à changer ou à retrancher au jugement si fin & si juste qu'il a porté sur l'œuvre de notre graveur. Ce travail d'un connaisseur consommé, d'un des maîtres de la critique en matière d'art, est pour nous une bonne fortune; nous en profiterons aussi complétement que possible.

Toutefois, nous allons faire précéder cette consciencieuse étude de quelques détails biographiques sommaires qui puissent être consultés avec confiance.

I.

Charles-Émile Jacque est né à Paris le 23 mai 1813. Quand il eut dix-sept ans, ses parents le placèrent chez un graveur de géographie. Là, il traça sa première eau-forte, cette tête de femme d'après Rembrandt qui ouvre notre catalogue. Mais il ne put longtemps endurer le travail ingrat qui lui était imposé. Il s'engagea & servit pendant sept ans; il appartenait à un des régiments qui firent le siége d'Anvers, & il nous reste, dans l'œuvre de notre artiste, un souvenir de cette campagne; c'est un paysage dessiné aux environs d'Anvers & gravé depuis à la pointe sèche[1]. Un séjour de deux ans en Angleterre[2], dont il ne reste qu'une trace dans notre catalogue, le *Courlis mort* du n° 3, & cette campagne d'Anvers sont à peu près les seules explorations de notre artiste à l'étranger. Son temps de service terminé, il reprit les crayons & la pointe & fit de fréquents voyages dans la Bourgogne, que sa famille habitait depuis 1830. Aussi est-ce aux villages de Bourgogne qu'il a emprunté la plus grande partie de ses scènes rustiques, ses chaumières, ses paysanneries, ses intérieurs de ferme, ses basses-cours.

Depuis cette époque, il est venu se fixer à Paris; mais il a fait des séjours nombreux & prolongés près de la forêt de Fontainebleau, à Barbizon. Toutefois c'est de la Bourgogne qu'il a reçu ces premières impressions de la vie champêtre; son talent en conservera toujours la marque.

De 1837 à 1843, M. Jacque dessina sur pierre ou sur bois & fut chargé de nombreux travaux par des éditeurs de publications illustrées. Nous ne nous sommes pas occupé de ces œuvres improvisées, auxquelles l'auteur lui-même n'attache aucune importance, &, du reste, dans ce livre,

1. Série B. N° 244 du Cat.

2. Pendant ce voyage, M. Jacque a dessiné un nombre assez considérable de bois pour des illustrations de Shakspeare, d'une histoire de Grèce, pour des journaux anglais & pour une danse des morts, dont, par parenthèse, il n'a jamais vu d'exemplaire.

nous ne prétendons donner que le catalogue des gravures à l'eau-forte ou à la pointe sèche. Nous citerons, toutefois, l'illustration de quelques chansons de Béranger, gravée sur acier d'après des dessins de Jacque, pour une édition en deux volumes in-8° publiée par Perrotin, plusieurs bois pour le *Voyage sentimental* de Sterne, édité par Bourdin, en grand in-octavo, l'*Histoire de La Ramée, ex-fusilier de l'armée française, depuis son entrée au service & avant jusqu'à sa mort & après, racontée & dessinée par Ch. Jacque, ex-caporal au 52e de ligne,* publiée par Aubert dans le Musée Philipon, le *Militairiana,* publié dans ce même recueil, une suite de caricatures sur les malades & les médecins pour le *Charivari,* etc. Bientôt, en 1841 & 1842, M. Jacque commencera sérieusement sa carrière d'artiste; il donnera ces planches qui vont jeter les fondements de sa réputation, &, dans certains livres illustrés auxquels il est appelé à collaborer, comme les *Contes de Perrault* et la *Pléiade,* ses compositions se feront distinguer entre toutes.

Il nous reste peu de chose à ajouter à ces notes biographiques. On comprendra d'ailleurs la réserve que nous nous imposons. C'est pourquoi nous abrégeons ces détails de famille.

M. Jacque a un fils de dix-huit ans qui suit, depuis peu de temps, les cours de l'École des Beaux-Arts. Les planches signées : *Léon Jacque,* dans la collection de la Société des Aquafortistes, sont du frère de M. Jacque et non de son fils, qui se nomme Émile. M. L. Jacque a commencé, chez l'éditeur de son frère, une série de gravures, par livraisons de six planches, d'après les tableaux & les compositions de M. Ch. Jacque.

Notre artiste expose depuis 1848. Il a obtenu trois médailles pour la gravure, en 1851, 1861 & 1863, & trois autres médailles consécutives de peinture pour le paysage & les animaux aux Salons de 1861, 1863 & 1864.

Il est temps de laisser M. Ch. Blanc exposer & caractériser l'œuvre & le talent du maître qui nous occupe.

II.

« A la renaissance du dessin familier & de l'effet se rattache un peintre-graveur tout à fait charmant, digne de figurer à côté des Van de Velde, des Pierre de Laer, des Stoop et des Ostade : Charles Jacque.

Il y a environ vingt ans que Jacque fait des eaux-fortes originales pour son compte, après avoir beaucoup gravé d'après les autres pour les éditeurs. Les premières qui parurent n'étaient pas les moins attrayantes. Elles étaient peut-être moins savantes que celles d'aujourd'hui, moins travaillées, mais elles n'en avaient que plus de grâce. Il me souvient qu'au sortir de l'atelier de Paul Delaroche, situé à l'Institut, c'était notre grande récréation, à plusieurs, de suivre les quais

& de *bouquiner* ces jolies eaux-fortes. L'endroit où l'on en trouvait le plus était le coin de l'Hôtel des Monnaies, sur ce même quai Conti où Diderot allait voir autrefois mademoiselle Babùti, qui fut madame Greuze. Depuis quelque temps on ne voit plus à Paris de ces étalages en plein air qui s'adossaient aux murailles des édifices publics, & il faut convenir que si la dignité de nos monuments y a gagné, en revanche la ville y a perdu cet aspect amusant, pittoresque, toujours piquant par le nouveau, qui faisait que Paris n'était pas Londres. Hélas! les rues s'alignent maintenant au cordeau; nos édiles ont retiré au pauvre marchand d'estampes l'espèce de jour de souffrance qu'on lui accordait pour étaler ces gravures qui, après tout, faisaient pour rien l'éducation du passant. Les *bons coins* disparaissent, l'équerre municipale ne respecte plus ni le cèdre de Gigoux, qui ombrageait tant de gais artistes, ni la boutique aux eaux-fortes, qui était le but de nos jeunes promenades. A l'heure qu'il est, il serait bien difficile de se procurer les bons *états* de Jacque. Ceux de ses cuivres qui existent encore ne donnent plus que des épreuves lourdes et boueuses, de sorte qu'un artiste qui est plein de vie a vu ses œuvres devenir aussi rares que celles d'Ostade, de Corneille Dusart ou de Thomas Wyck.

Charles Jacque n'est pas le seul peintre-graveur de notre temps. Sans parler de Meissonier, qui a fait un ou deux chefs-d'œuvre en soufflant dans ses doigts, Méryon, Hédouin, Daubigny, Paul Huet, Bracquemond, Bléry, Flameng, ont eu aussi leurs *bons jours*, comme dit Jules Dupré; mais Jacque, plus complet, plus divers qu'eux tous, les surpasse par la variété de sa pointe, la délicatesse de ses croquis & l'art de faire mordre, dans lequel il a cependant deux rivaux, Bracquemond & Flameng. Il est le plus habile à ménager les différentes largeurs du travail. Là, où d'autres, dans la crainte de ne pas faire assez légère telle partie de leur gravure, affinent & serrent leurs tailles, Jacque, en espaçant les siennes, obtient des morceaux transparents & des ciels très-fins. Ce qui le distingue aussi, c'est la poésie pénétrante de ses paysages, c'est le charme intime de ses fermes, de ses cabarets, de ses paysanneries. Par là, il représente & il résume dans ses petites estampes toute notre école moderne de paysagistes & de peintres familiers, depuis Decamps jusqu'à Jean-François Millet & Adolphe Leleux, depuis Jules Dupré & Rousseau jusqu'à Daubigny. Son œuvre, qui se compose, à l'heure qu'il est, de trois cent cinquante pièces, fait penser, en effet, à tous les artistes que nous venons de nommer & à bien d'autres. On y trouve des costumes de caractère dans le goût de Leleux, des abreuvoirs dans la manière de Troyon, des pacages plantureux à la façon de Jules Dupré, des lisières de forêts, aux arbres sans feuilles, aux branches déliées, qui rappellent Daubigny, & même des promenades au parc dans le genre de

Roqueplan. Comme Théodore Rousseau, il préfère les paysages *blonds* (quand il n'a pas quelque orage à peindre); comme Philippe Rousseau, il sait donner du piquant à la nature morte; comme Decamps, il sait prêter de l'intérêt aux accidents d'un vieux mur taché de lichen; sa taille en exprime à ravir les aspérités, les fentes, les crevasses, les plâtres dégradés, les traînées humides. Avec une complaisance qui gagne le spectateur, il accuse les ais mal joints d'un contrevent rustique, les veines d'un poteau de bois, le luisant d'un pot de grès, la solidité mate d'une attache en cuir. Il fait sentir à merveille, par le tour infiniment varié de ses travaux, ce qui est rugueux ou poli, tendre ou dur, ligneux ou friable, &, malgré ces précautions, son allure reste vive, dégagée, sa pointe court librement sur le vernis & à chaque pas, avertie par la nature des substances, elle interrompt sa marche, change d'accents, contrarie ses tailles, les croise, les emmêle de points, les complique de griffonnements, mais sans jamais écrire un trait insignifiant, une hachure inutile. C'est même une des qualités de son eau-forte que d'être faite en général avec peu d'ouvrage. Les grands blancs qu'il réserve sur la planche sont rendus très-lumineux par les morsures environnantes, sans qu'il y ait nulle part des noirs énergiques; au contraire, ce qui fait éclater la lumière dans ses blancs, c'est qu'elle scintille partout, même dans l'ombre. Souvent elle éclaire le papier par le seul contraste d'une boîte à lait, par exemple, accrochée au mur extérieur de la ferme, ou d'une poule noire qui picore au milieu d'une basse-cour remplie de soleil.

L'eau-forte ne supporte guère les grandes dimensions. Rembrandt lui-même, lorsqu'il a dépassé le format d'un petit in-quarto, n'a pu mener à bien sa gravure qu'en la reprenant laborieusement au burin & en lui enlevant par là son caractère d'inspiration, de vivacité, de primesaut, ou bien il lui a fallu épargner une partie de sa planche pour n'en finir délicatement que certains morceaux préférés. Jacque s'en est tenu aux petits formats, & il a été en cela bien avisé, car l'eau-forte est à la gravure au burin ce que sont à la peinture monumentale les tableaux de chevalet. Une seule fois il a essayé une planche in-folio, *la Bergerie*, & il en a poussé l'effet jusqu'au bout sans pesanteur & sans fatigue [1]. Connaissant à fond le fort & le faible d'un art dont il possède toutes les ressources, il a compris que l'embarras d'une grande eau-forte était dans les figures. Sans parler des contre-sens que présenterait une scène

1. De *la Bergerie,* dont la composition appartient, comme la gravure, à M. Jacque (n° 161 du Cat.), il faut rapprocher un *Paysage* (n° 166), d'après un croquis attribué à Van der Neer, *la Forêt* (n° 10), *les Chanteurs* (n° 25) & *la prime de* 1865 (n° 212 *bis*). Quoique de dimensions moindres que *la Bergerie,* ces planches excèdent la grandeur ordinaire des eaux-fortes de M. Jacque. D'ailleurs, nous sommes autorisé à annoncer que bientôt notre artiste exécutera une nouvelle pièce d'une étendue exceptionnelle. M. Jacque a été chargé par l'administration des Beaux-Arts de graver le paysage d'Hobbéma représentant des moulins, que possède le Louvre.

familière dont les personnages seraient de grandeur naturelle, on sent que la liberté d'un dessin à l'eau-forte ne peut s'accorder avec la précision, la tenue qu'exigent des figures assez grandes pour qu'on en détaille les plans & qu'on en définisse la physionomie ou l'expression; aussi est-il vrai de dire que les suites d'apôtres gravés en buste par Jacque, & ses têtes, lorsqu'elles tiennent toute la page, sont beaucoup moins heureuses que ses autres estampes. Où il est charmant au possible, c'est dans ses auberges, ses cours de ferme, ses paysages; on y respire la paix des champs, le bonheur du village, l'agréable & saine odeur des foins entassés. A les regarder, ces eaux-fortes ravissantes, on se rappelle aussitôt les vacances du collége passées à la campagne..... C'était bien ainsi : la charrue était sous un hangar, d'où sortait la longueur du manche; la fermière rinçait son linge; la servante puisait de l'eau dans un puits dont la corde tenait à un tronc d'arbre servant de levier; les poules perchaient sur une charrette dételée; les pigeons venaient s'abattre sur le toit défoncé de la grange; les petits enfants barbotaient avec les canards; les bœufs étaient aux champs, l'âne flânait sur le bord du chemin en flairant ses chardons, & les cochons dormaient au soleil, vautrés avec délices sur la paille du fumier. Il n'est pas d'animal

Qui par l'art imité ne puisse plaire aux yeux.

J'ignore si c'est en mémoire de Karel Dujardin que Jacque a porté ses regards & ses prédilections sur le compagnon de saint Antoine; mais il est certain qu'il se plaît à le dessiner comme un modèle de sensualité, de gourmandise & d'épicurisme. Il le sait par cœur; il aime à le peindre, ici voluptueusement couché dans son auge, ouvrant les naseaux de ce groin qu'allonge la luxure & qu'attendrit la paresse; là, courant après la porchère avec ses gorets; plus loin, fouillant le sol pour y découvrir ce végétal savoureux destiné à des êtres plus gourmands que lui. Les amateurs peuvent regarder comme le chef-d'œuvre de Jacque l'estampe [1] où il représente un troupeau de cochons, conduit, par une journée d'hiver, dans un champ de truffes, au milieu d'un paysage où croissent quelques arbres rabougris & sans feuilles. Le temps est triste & froid; mais la gravure, légèrement mordue, n'est ni froide, ni triste; le peintre a modelé à peu de frais, non-seulement chacune de ses bêtes favorites, mais l'ensemble du troupeau, dont on croit entendre les grognements tant il est bien observé, tant il est vrai dans ses allures & dans ses postures, courbé sous les coups de bâton & captivé par les arômes de la truffière. On a quelquefois reproché à Jacque d'éviter, dans ses eaux-fortes, les difficultés d'exécution que présente le feuillé; mais il ne faut jamais s'enquérir de ce qu'un peintre n'a point fait; il est

1. N° 85 du Cat. La planche existe encore; mais il ne faut pas juger de son mérite d'après les épreuves qu'on en tire maintenant.

plus sensé & plus juste de se demander s'il a bien fait ce qu'il voulait faire [1].

Quant aux figures, Jacque les a dessinées de différentes manières. Au commencement il avait adopté un type assez gracieux. Ses fermières étaient accortes, jolies; ses laveuses avaient la taille fine & une certaine élégance d'ajustement qui ne s'accordait guère, il faut l'avouer, avec la rusticité du paysage & des objets d'alentour. Ainsi, dans ses plus anciennes pièces, on voit des villageoises au puits, qui ont plutôt l'air de bourgeoises ou de grisettes; on y voit des servantes qui écurent un chaudron avec une mine chiffonnée & une tournure qui sentent par trop le voisinage de la ville [2]; mais plus tard, Jacque, mieux inspiré, a modifié son type, &, se rapprochant de J.-F. Millet, il a mis dans ses fermes de vrais rustres & de vraies paysannes, déformés par le travail, disgraciés par la fatigue; des êtres sérieux, robustes, pesants, un peu gauches de pantomime, mais fiers dans leur rudesse & quelquefois solennels jusqu'à l'héroïque [3]. Le graveur cependant a tempéré, adouci cette physionomie altière des personnages de Millet, lequel touche parfois à l'affectation dans son humeur, & les figures de Jacque sont entrées alors en pleine harmonie avec le caractère de ses paysages agrestes. Ce

1. Que d'erreurs & que de ridicules s'épargneraient bien des critiques en suivant ce conseil sensé!

2. Nos 5, 33, 62, 67, 72, 74 du Cat.

3. Nos 57, 60, 86, 87, 89 du Cat.

sont les meilleurs : en les parcourant, on sent que la nature a pour certains artistes des émanations mystérieuses, qu'il y a aussi des larmes dans les choses, selon le mot sublime échappé au poëte antique. Je trouve, par exemple, une indicible poésie à cette lisière de bois le long de laquelle passe un troupeau de bœufs, enveloppé & presque perdu dans l'ombre du soir [1]. Comment une petite estampe où il n'y a que des arbres sombres sur un ciel qui va s'éteindre, avec des animaux qui se hâtent vers la nuit, peut nous produire une impression si profonde de mélancolie, comment elle peut causer à l'âme un frisson, voilà ce qui est inexplicable : c'est le secret de l'art. Quand l'émotion de l'artiste a été sincère, qu'ajouteraient à son œuvre les dimensions, la peinture, la couleur?... Une autre eau-forte de Jacque n'est pas moins poétique d'une autre manière : elle représente une jeune femme qui vient de donner à boire à un cavalier sur le seuil d'une auberge moyen âge [2]. Elle est belle sans y penser, se détachant sur le fond noir de sa porte décorée d'une vigne. Le cavalier, qui est vu de dos, se penche, sans doute pour lui dire adieu à voix basse. Le cheval est superbe & à tous crins; dans un moment il emportera son maître à travers les chemins boisés qu'on devine, & il me semble que le voyageur se souviendra longtemps de cette créature char-

1. N° 94 du Cat.
2. N° 83 du Cat.

mante qui lui est apparue un instant, sur le perron hospitalier, à la tombée du jour....

Mais pourtant ce qui caractérise en général l'œuvre de Jacque, c'est la grâce des scènes familières, soit qu'il les abandonne à l'état d'ébauches légères, effleurées par un nuage d'eau-forte, soit qu'il leur prête l'intérêt & le relief de son clair-obscur; quelquefois, les reprenant au burin pour rendre le soyeux pelage d'une souris ou la laine crottée d'un mouton, il appelle fortement nos regards sur un seul point de sa planche en épargnant tout le reste, comme il l'a fait dans la *Souricière* [1], estampe ironiquement naïve que le graveur assaisonne d'un quatrain de haute moralité, tout semblable à ceux qu'Israël composait jadis pour Callot. Peut-être y a-t-il plus de saveur encore dans les eaux-fortes où l'on ne sent que le premier souffle de l'artiste, la virginité de son sentiment, la fleur du travail. Est-il en ce genre un croquis plus aimable que celui de ces enfants qui traînent un camarade dans un petit chariot de bois, sur l'herbe mouillée? On n'invente pas ces riens : il faut les avoir vus. Le chariot embourbé ne peut monter la pente avec ses roues ébréchées; l'équipage sue, il souffle, il est rendu; mais le tyran de la bande se prélasse en sa brouette, avec une majesté inexorable [2]... Heureux peintre qui n'a besoin, pour nous captiver des heures entières,

1. N° 162 du Cat.

2. N° 68 du Cat. La scène dont parle l'auteur avait été gravée sur bois pour être placée en cul-de-lampe à la fin de l'article.

que d'un pont de bois vermoulu, d'une brouette humide, d'un coin de ciel, & de trois petits enfants qui jouent sur un bout de pré! »

On ne saurait donner une idée plus complète & plus exacte du talent de M. Jacque, de ses ressources, de ses caractères les plus saillants & de ses aspects variés. A peine avons-nous besoin d'ajouter quelques mots pour expliquer & commenter certains passages du jugement de M. Ch. Blanc.

Sans doute les travaux commandés à notre graveur pour des publications telles que le *Walter Scott* de G. Barba, les *Contes de Perrault* de Curmer, la *Pléiade* & différents autres volumes durent contribuer à lui donner une certaine habileté d'outil; mais, si on compare les illustrations de la plupart de ces livres aux planches originales gravées à la même époque, on reconnaîtra que le talent de Ch. Jacque n'a pas eu besoin d'apprendre & de tâtonner longtemps avant d'atteindre la plénitude de son développement. Dans ces publications illustrées, qui forment la plus grande partie de la troisième série de ce volume & qui toutes parurent de 1841 à 1844, si nous trouvons des morceaux faibles & négligés, nous rencontrons aussi d'excellentes choses, & ce ne sont pas les planches dont la composition a été confiée au graveur qui sont les moins bonnes.

L'œuvre presque entier de M. Jacque se divise chronologiquement en deux séries séparées par une longue interruption. De 1842 à 1848, M. Jacque a gravé un nombre considérable de planches, plus de trois cents, & beaucoup de pointes sèches. Les exemplaires de cette première série sont devenus rares en bons états, quelques-uns même introuvables. Mais il ne faudrait pas trop généraliser l'opinion de M. Ch. Blanc, « les cuivres de cette époque qui existent encore ne donnent que des épreuves lourdes & boueuses; » car certaines planches, grâce à la largeur & à la profondeur des tailles, ne paraissent presque pas fatiguées. Chacun peut s'en convaincre en feuilletant les collections de l'*Alliance des Arts*, & ce n'est ni la richesse du papier, ni le soin de l'impression qui, pour ces estampes vendues à vil prix, pourraient corriger les défauts & l'usure du cuivre. Du reste, M. Jacque vient de faire retirer pour les amateurs, sur vergé & sur papier de Chine, un certain nombre de ces anciennes planches, en ayant soin de choisir les moins fatiguées & en même temps celles qui obtinrent jadis le plus de succès. Ce nouveau tirage n'a sans doute pas la fraîcheur, la fleur des anciennes épreuves &, de plus, bon nombre des planches ont été ou remordues ou reprises au burin. Dans l'état où elles se trouvent cependant, ces soixante-neuf eaux-fortes sont curieuses à examiner à côté de la nouvelle série que M. Jacque a commencée en 1864. Car, sauf de rares gravures qui témoignent d'un talent toujours sûr de soi-même, toujours ferme, de 1848 à 1864, M. Jacque n'a presque rien gravé. A quoi faut-il attribuer ce long repos? Est-ce aux préoccupations qui lui ont fait écrire un livre des plus curieux, un livre déjà rare et dont les exemplaires seront de plus en plus recherchés, je veux parler de la première édition du *Poulailler,* dont le texte & les illustrations sont de notre artiste [1]? Ou bien, laissant de côté les acides & la pointe, le graveur déjà célèbre travaillait-il alors à conquérir cette réputation de peintre qui égale sa renommée de graveur? Quoi qu'il en soit, M. Jacque passa de longues années sans presque employer le procédé auquel il avait dû ses premiers succès. Sans doute son crayon, pendant ce temps, ne resta pas tout à fait oisif. Sans parler des gravures sur bois du *Poulailler,* caressées avec un soin extrême, M. Jacque a dessiné beaucoup de bois pour des journaux illustrés & notamment pour le *Magasin pittoresque* & l'*Illustration.* Plusieurs de ces dessins ont une grande importance ; quelques-uns prennent la feuille entière du milieu dans l'*Illustration.* Quoique nous n'ayons pas à nous occuper de ces gravures, qui sortent du cadre de notre catalogue, nous engagerons vivement les amateurs & les artistes à s'y reporter pour absoudre M. Jacque d'un reproche qu'on doit repousser énergiquement, quelque peu grave qu'il soit, car il manque tout à fait de fondement.

Il semblerait, à écouter bon nombre de criti-

1. Nous ne devons point oublier ici que M. Jacque a donné au *Magasin pittoresque* un article accompagné de bois, dessinés par lui-même, sur les procédés de la gravure à l'eau-forte. Cet article, fort intéressant, a paru il y a quelques années.

ques & M. Ch. Blanc lui-même, que ce serait l'influence, ou seulement l'exemple de M. Fr. Millet qui aurait décidé M. Jacque à rendre aux paysans l'air agreste & rustique qui convient aux travailleurs des champs. M. Millet n'avait point encore songé à peindre la campagne & ses habitants, que déjà M. Jacque avait corrigé sa première tendance à l'élégance & à l'afféterie dans les scènes rustiques. Plusieurs planches de 1844 & bon nombre de gravures sur bois témoignent de cette conversion bien antérieure aux premiers vrais paysans de M. Millet. Seulement M. Millet, qui, vers 1848, peignait des baigneuses & des petites femmes nues fort prisées des vieux amateurs de tableaux, a poussé le système adopté antérieurement par M. Jacque jusqu'à ses dernières limites; & ses audaces extrêmes, ses excès peut-être l'ont fait passer pour l'inventeur de la théorie qu'il a développée à outrance. Il importe peu d'ailleurs; nous voulions seulement prévenir un reproche & détruire l'opinion que M. Jacque s'est fait le timide imitateur d'un genre très-louable d'ailleurs, & dont il a été, sinon un des plus hardis, au moins un des premiers initiateurs.

M. Jacque a rarement reproduit des compositions étrangères. Sauf deux exceptions [1], il n'a rien gravé d'après les eaux-fortes d'un autre maître; il est vrai que l'artiste auquel il voulait se mesurer est Rembrandt, une de ses plus en-

1. Nos 1 et 127 du Cat.

thousiastes admirations. Le paysage du maître hollandais décrit au n° 76 est copié sur un tableau; ainsi est-il des deux paysages de Hobbéma aux n°s 157 & 158, & de plusieurs scènes bachiques d'après A. Van Ostade. Trois fois, le fait est curieux à noter, le graveur a voulu copier l'œuvre d'un sculpteur, & a reproduit à l'eau-forte des animaux de M. Barye.

Sauf les gravures pour des livres illustrés, d'après des compositions de MM. Ad. Leleux, Penguilly, Lepoittevin, Fortin, etc., M. Ch. Jacque a fait peu d'emprunts aux maîtres de l'école contemporaine; car c'est encore pour un recueil illustré, un journal d'art publié par M. Thoré, qu'il a reproduit quelques paysages d'un de nos plus excellents paysagistes, M. Th. Rousseau. Ces essais, au reste, sont inférieurs aux planches qui portent la marque de l'inspiration personnelle & de la spontanéité.

Nous ne défendrons pas les têtes de moines dont M. Ch. Blanc, en les critiquant, d'ailleurs très-justement, a fait des *têtes d'apôtres*. Nous prierons seulement le lecteur de se reporter au n° 53, où nous expliquons l'origine de ces singulières gravures, qui n'étaient ni dans le tempérament ni dans les habitudes de l'artiste. Commandées par un éditeur qui voulait les faire passer pour des Ribera, elles ont été gravées, on le voit, sans intérêt & comme à contre-cœur. M. Jacque n'acceptait qu'avec répugnance ce travail ingrat & imposé.

Mais, sans parler de pièces extrêmement rares ou presque uniques, comme le portrait de l'auteur (nº 139), le portrait de Collignon (nº 132) & quelques autres non moins ressemblants, une certaine figure de petite fille vue à mi-corps, jouant avec sa poupée (nº 154), suffirait pour démontrer que M. Jacque réussira quand il voudra dans le portrait non moins que dans le paysage. Et quelle jolie & intéressante galerie de figures contemporaines on pourrait rapidement esquisser avec l'eau-forte! Arrêtons-nous, car nous allons commettre une indiscrétion [1].

Les eaux-fortes de M. Jacque parurent d'abord à des époques indéterminées. La fantaisie le poussant, l'artiste faisait renaître un des sites qu'il avait dessinés en Bourgogne, une scène de la vie des champs. A cet âge où on ne se préoccupe pas de la postérité parce qu'on se voit encore de longues années pour y songer, M. Jacque éparpillait aux quatre vents de petits chefs-d'œuvre, introuvables maintenant. M. Berthault fut le premier éditeur d'une suite régulièrement publiée. Nous trouvons ces planches au commencement du catalogue sous les nºs 4 et suivants.

Un peu plus tard, M. Jacque, plus soucieux du public, qui commençait à le connaître, & de sa réputation naissante, voulut, par une suite de vingt sujets, tenter un grand effort, donner la mesure

[1]. M. Jacque grave en ce moment plusieurs portraits qui seront probablement publiés avant ce catalogue.

de sa science & de son talent. Cette suite occupera toujours une place importante dans cet œuvre. Sans parler de la couverture dont M. Jacque fit une très-remarquable composition, cette série de vingt planches renferme la *Truffière,* le *Cavalier,* & l'*Effet de crépuscule* qu'admire tant le critique de la *Gazette des Beaux-Arts.* Une nouvelle série, bien moins considérable & par le travail & par le nombre des planches (elle ne comprend que six sujets) a été publiée par l'artiste lui-même, en 1849.

Enfin, en 1864, M. Jacque a commencé cette suite importante dont la publication sera terminée dans un an & qui comprendra soixante-quinze planches, parmi lesquelles nous pourrions citer de vrais chefs-d'œuvre. Le succès de la *Pastorale,* publiée en 1864, nous autorise à la citer entre autres comme une des plus remarquables eaux-fortes de notre époque. Elle ne le cède en rien, pour l'invention & l'exécution, à ce que M. Jacque a produit de meilleur.

Voulant permettre à ses souscripteurs de rapprocher de ses nouvelles œuvres un échantillon de ses anciennes gravures, M. Jacque a fait parmi les cuivres qui n'ont pas été détruits ou perdus, un choix des mieux réussis, & a ainsi formé cette collection de soixante-neuf eaux-fortes anciennes. Quand les trois séries nouvelles en cours de publication seront terminées, nous aurons un ensemble, assez imposant, de près de cent cinquante sujets. Les cuivres des anciennes eaux-fortes, comme nous l'avons dit, se trouvaient fatigués & quelque peu usés. L'auteur a dû en retoucher plusieurs & recreuser les anciennes tailles. Cela pourrait à la rigueur constituer des états nouveaux; aussi avons-nous tenu à indiquer, en parlant des anciennes eaux-fortes, celles qui font partie de cette nouvelle collection, par les initiales N. Coll. De même, pour la commodité des amateurs, nous avons fait suivre la description des planches appartenant actuellement au directeur de l'*Alliance des Arts,* des lettres AA, avec le numéro sous lequel ces planches sont mentionnées au catalogue de l'éditeur. Cette précaution nous semblait utile; car nos titres diffèrent très-souvent des titres de ce catalogue fait dans un but purement commercial. Pour en finir avec l'*Alliance des Arts,* nous répéterons que si la plupart des planches qu'elle possède sont usées ou extrêmement fatiguées, si le papier est de mauvaise qualité & le tirage fait sans soin, cependant certains cuivres se sont conservés intacts, malgré un long service, & donnent encore des épreuves que nous avons vu approuver par M. Jacque lui-même, à côté des exemplaires choisis de sa collection. Mais c'est l'exception, & on ne peut, d'après les épreuves de l'*Alliance des Arts,* bien apprécier les anciennes eaux-fortes de M. Jacque.

III.

Voici pour terminer quelques explications sur

la distribution du catalogue. Nous l'avons dit : en principe l'ordre chronologique a été adopté de préférence à tout autre ; aussi bien est-ce l'ordre le plus naturel, & les faiseurs de catalogues qui ne l'ont pas suivi n'en ont-ils adopté un autre que par impossibilité de retrouver la date précise des pièces. D'ailleurs, M. Jacque, en disposant sa collection suivant cette règle, nous avait préparé la besogne, & nous avons eu bien peu de changements à introduire dans son arrangement.

Toutefois, dans deux cas particuliers, les dates vont se trouver interverties. D'abord, le catalogue étant divisé en trois parties contenant une suite distincte, chacune de ces parties est rangée selon l'ordre chronologique ; de telle manière que, conduits jusqu'au commencement de 1866 par les dernières pièces de la première série, nous rétrogradons à 1840 avec les premières planches de la deuxième partie & ainsi de suite. Puis l'exception que nous avons faite pour ces trois séries distinctes, a dû aussi être adoptée pour les publications suivies pendant plusieurs années, comme cette suite de vingt eaux-fortes dont nous avons parlé plus haut (nos 77 à 98). Nous ne pouvions pas séparer ces planches qui forment un ensemble, & de là, les gravures qui suivent sont d'une date antérieure aux dernières de la série.

Pour les livres illustrés dont nous avons retrouvé un exemplaire, aucune difficulté ne pouvait nous embarrasser : nous avons décrit les gravures dans l'ordre qu'elles occupent au volume. Mais, pour certains ouvrages, nous avons dû agir sans être aussi sûrement guidé. En laissant de côté les volumes publiés par Barba, & qu'il est aujourd'hui difficile de rencontrer, non-seulement dans le commerce, mais même dans les bibliothèques publiques, un certain nombre de planches gravées par M. Jacque n'ont pas été employées, & par conséquent les essais que l'auteur a conservés sont uniques ou peu s'en faut. Nous avons dû nous contenter de les ranger à la suite des publications pour lesquelles ils avaient été faits. D'ailleurs ceci est de peu d'importance; car, à partir de 1844, nous ne voyons plus guère M. Jacque mettre son talent au service du commerce.

La division en trois séries, désignées chacune par une lettre, paraîtra d'abord quelque peu arbitraire. Si les deux premières ont leur raison dans les caractères distincts des gravures qu'elles renferment, s'il était opportun de classer à part les eaux-fortes & à part les pointes sèches, il peut paraître moins utile de revenir dans la série C aux eaux-fortes & de créer une division dans le même genre. La série C comprend surtout les eaux-fortes destinées à des publications, & nous avons cherché, à propos de chacune de ces publications, à fournir des renseignements complets sur les volumes édités par Curmer, Barba ou W. Coquebert. Quant aux cinquante eaux-fortes qui ouvrent cette série C, nous avons dû, pour les reléguer à cette place, respecter un scrupule de M. Jacque.

Les trouvant trop faibles, il voulait les faire disparaître entièrement de son œuvre, & cela était d'autant plus commode, qu'une bonne partie n'a été tirée qu'à un seul ou à très-peu d'exemplaires. Mais, comme certaines gravures, dont plusieurs ont été reproduites par l'*Alliance des Arts,* ont été publiées sous le nom de M. Jacque, sans être de lui, il importait, pour enlever toute incertitude aux collecteurs d'eaux-fortes, de ne pas exclure de notre catalogue même les planches faibles ou médiocres. Seulement, sur l'insistance de l'auteur, nous les avons reléguées dans cette série C, composée ainsi, & des eaux-fortes de publications, & de celles que M. Jacque regarde comme le rebut de son œuvre.

Puisque nous parlons de ces eaux-fortes qui portent le nom de notre artiste sans être de lui, ajoutons que pour quelques-unes de ces planches il serait très-difficile de découvrir la fraude, & personne ne le pourrait sans le témoignage formel de l'auteur. Ainsi, ces saules qui portent le n° 405 dans le catalogue de l'*Alliance des Arts,* sont signés tout au long au-dessous du cadre : *Ch. Jacque inv. del.* Le dessin, la composition, sont bien de l'artiste ; mais non pas la gravure, qui cependant semble bien de la même main que les planches authentiques. Du moins, dans certains cas, le graveur a écrit son nom tout au long, comme dans les n°s 563 & 574 du même catalogue; à : *Ch. Jacque pinx*^t^, nous trouvons ajouté : *L. Subercaze sculp*^t^ *& del*^t^. Ce qui n'empèche pas, il est vrai, l'éditeur de l'*Alliance des Arts* de vendre ces eaux-fortes comme étant de M. Jacque, aussi bien que les n°s 405, 561, 588, 590, qui ne portent pas de signature ou sont faussement attribués à notre graveur. Si nous avons insisté sur ce point, c'est pour mettre les amateurs en garde contre les planches signées qu'ils ne trouveraient point dans notre catalogue. Il en existe un certain nombre dans le commerce, auxquelles M. Jacque n'a jamais concouru, bien qu'elles portent son nom. Nous n'avons admis ici que les pièces reconnues & avouées par M. Ch. Jacque.

Avec ces six planches apocryphes, l'*Alliance des Arts* possède cent six gravures de M. Jacque, dont deux pointes sèches & cent quatre eaux-fortes. Une pointe sèche réimprimée dans la collection des anciennes eaux-fortes ne figure point au catalogue de M. Marchant, & cependant c'est de lui que viennent toutes les planches dont M. Jacque a fait un nouveau tirage. D'ailleurs plusieurs gravures de cette collection ont été égarées. La planche des *Chanteurs* (n° 25), qui appartenait autrefois à l'*Alliance des Arts*, a été cédée, depuis quelque temps déjà, à un autre éditeur. Une autre eau-forte, la *Femme donnant à manger à des porcs* (n° 150), fait partie d'une série spéciale. Elle figure au n° 51, dans la première collection des artistes anciens & modernes. Les épreuves en sont plus soignées & plus fraîches que celles des autres eaux-fortes de M. Jacque. Enfin les *Poules,* qui font partie de cette collection, sont des lithographies d'après Ch. Jacque. La seule lithographie de notre artiste lui-même est le *Pêcheur,* catalogué sous le n° 53 de la quatrième collection de cette série.

Nous avons essayé de rendre nos descriptions aussi succinctes & aussi brèves que possible, en supprimant, au besoin, tout membre de phrase, tout mot qui n'était pas indispensable, & en ne donnant de la gravure qu'un pur signalement, sans aucun ornement de style. Entre deux défauts, nous avons choisi celui qui nous paraissait le moindre, & à la prolixité nous avons préféré la sécheresse. Ce n'est point un livre de critique, c'est un document que nous avons entrepris de publier.

Après le titre, nous avons indiqué les dimensions de la gravure, prises non point sur la planche elle-même, mais seulement sur la partie gravée de la planche. Nous n'ignorons pas que nous avons ainsi contrevenu à un usage établi. Mais nous avions nos raisons pour en agir ainsi. Bon nombre des planches que nous mesurions sont uniques & non-seulement les marges, mais les témoins eux-mêmes ont été rognés ; fallait-il nous réduire à indiquer à chaque numéro : hauteur de la planche, hauteur de la gravure? Voici encore une excuse qui achèvera de nous faire absoudre : les planches des anciens graveurs ont ordinairement très-peu de marges, tandis que maintenant on grave souvent de très-petits sujets sur de fort grands cuivres, de manière que la gravure n'occupe que le tiers, le quart, ou même une moindre surface du cuivre. Dans ce cas, si nous avions mesuré les marges, on eût été fort mal renseigné sur la hauteur & la largeur de la gravure elle-même. Il était donc plus simple de prendre seulement les dimensions de la gravure, & quand nous n'avons pas trouvé autour du sujet un trait formant encadrement, nous avons pris comme mesure l'écartement entre les travaux les plus éloignés du centre en hauteur & en largeur.

Nous avons évité de multiplier inutilement les états, & aussi n'avons-nous pas noté parfois certains états intermédiaires qui nous semblaient sans importance. Nous ne prétendons pas, toutefois, ne rien omettre, & nous recevrons avec reconnaissance toutes les observations qui pourraient avoir pour résultat de rectifier une erreur ou de compléter nos renseignements.

Bon nombre de planches ne portent ni date ni signature; pour celles-là nous nous en sommes référé complétement aux affirmations de l'auteur, & c'est d'après lui que nous avons daté toutes les pièces des deux premières séries. Si la date est indiquée sur la planche, elle suit ou précède immédiatement la signature toujours soigneusement notée. Enfin, pour les mentions spéciales, pour le nombre d'exemplaires de certains sujets, de la *Bergerie,* par exemple, & pour l'indication d'épreuve unique ajoutée à certaines eaux-fortes ou à certains états, nous nous en sommes rapporté entièrement à M. Jacque qui, lui-même, proteste de sa bonne foi, dans le cas où quelque mention se trouverait erronée. Il ne peut répondre que de son fait & non du fait de l'imprimeur; c'est ainsi qu'il a fait parfois détruire des épreuves tirées sans son autorisation. En tout cas, si nous nous sommes trompé, nous pensons que tout autre aurait failli comme nous; car nous croyons être mieux que personne en état de présenter des garanties d'exactitude.

Les pointes sèches, on le sait, ne donnent qu'un très-petit nombre d'épreuves. Aussi indiquons-nous autant que nous le pouvons le nombre d'exemplaires tirés de chaque planche. Nous avons cru pouvoir être très-sobre de détails dans la description des pointes sèches à cause de cette rareté même des épreuves.

Les numéros du catalogue se suivent sans interruption depuis le commencement de la première partie jusqu'à la fin de la troisième; nous avions bien songé à introduire dans chaque série un numérotage particulier; mais, en songeant aux inconvénients que cette division entraînerait, aux confusions qu'elle pourrait causer quand on voudrait renvoyer à notre catalogue, nous avons mieux aimé faire suivre les numéros du commencement à la fin. Le plus fâcheux résultat du système que nous adoptons sera l'impossibilité de joindre, dans l'avenir, les nouvelles eaux-fortes et pointes sèches de M. Jacque à leurs séries respectives. Mais, désormais, ce catalogue sera continué au jour le jour & l'ordre des dates strictement observé. Successivement paraîtront, chaque année, ou bien au bout de deux ou trois ans, des suppléments renfermant la description des planches gravées durant ces périodes. Les souscripteurs des nouvelles séries publiées par M. Jacque recevront gratuitement, en même temps que les dernières planches, ce complément du catalogue lors de l'achèvement complet de la dernière série (1866). Ils n'auront qu'à joindre ce supplément à leur catalogue. Et si, comme nous le souhaitons, M. Jacque poursuit encore pendant de longues années le cours de ses publications, nous aurons au moins la conscience d'avoir classé & mis en ordre la partie la plus confuse & la moins connue de son œuvre, d'avoir posé la pierre d'attente préparée pour l'achèvement futur de l'édifice.

A l'heure où nous écrivons ces lignes, l'œuvre de M. Jacque se compose de quatre cent vingt-et-une pièces. De nouvelles planches de la série de 1865 auront sans doute paru avant que l'impression de ce catalogue soit terminée, nous les joindrons au supplément que nous publierons plus tard, plutôt que de donner dès maintenant une feuille additionnelle de quelques numéros seulement. La collection complète que M. Jacque a gardée de ses eaux-fortes et de leurs différents états comprend plus de neuf cents feuilles.

Plus que personne nous avons besoin de réclamer l'indulgence du public. Nous espérons que le lecteur nous saura gré de nos efforts pour rendre ce travail, sinon aussi intéressant, ce n'est pas là notre but, au moins aussi exact & aussi complet que possible. Et d'ailleurs nous avons bonne confiance que les eaux-fortes de Ch. Jacque feront pardonner les fautes de leur historien.

J.-J. GUIFFREY.

L'ŒUVRE

DE

CH. JACQUE

CATALOGUE

Série A.

1. Tête de femme. — H. 65^{m} (1). L. 65^{m}. — Copie d'après Rembrandt. — Épreuve unique. Dans l'angle on lit : Rembrandt, 1637. Signé : *C. J.* L'auteur avait dix-sept ans à cette époque (1830) & était en apprentissage chez un graveur de géographie.

Cette gravure est, avec une copie d'un portrait de Rembrandt (nº 127 du catalogue), la seule reproduction d'une eau-forte étrangère par M. Jacque. Toutes les autres qui lui sont attribuées ne sont pas de lui.

2. Fumeur. — H. 73^{m}. L. 98^{m}. — Tête de jeune homme tournée vers la gauche, presque de profil. La naissance des épaules est seulement indiquée. Il est coiffé d'une casquette marine, tient une pipe à la bouche; autour de son cou s'enroule une cravate négligemment nouée (vers 1836).

Épreuve probablement unique. La planche est détruite. Il n'a été tiré que quatre ou cinq épreuves qui ont été données & probablemen perdues.

(1) Les dimensions en millimètres sont indiquées par ^{m}.

3. Un courlis mort. — H. 88^{m}. L. 61^{m}. — Il est étendu sur une table devant un tapis posé contre le mur, une des pattes dressée en l'air, comme si elle était clouée à la muraille. Gravé en Angleterre. Signé : *C. J., 4 X^{bre} 1838.*

Des tailles perpendiculaires & d'autres horizontales, formant le bord de la table, ont été ajoutées dans un deuxième état.

4. Lisière de bois. — H. 95^{m}. L. 94^{m}. — Quelques arbres dégarnis sur le bord d'un talus où est assis un petit personnage dessinant. Une route s'enfonce à gauche sous le bois; à droite, la plaine (vers 1840). Signé : *Ch. Jacque.*

Cette gravure & les dix suivantes ont paru dans une collection qui contenait aussi des planches de L. Marvy.

AA. 376. N. Coll.

5. Petite femme tenant un seau au bord d'un puits. — H. 84^{m}. L. 52^{m}. — Une femme vient de tirer un seau d'un puits; elle le tient sur la margelle; au fond, au-dessus d'un mur bas, apparaît le haut d'un arbre. Une fenêtre s'ouvre dans le mur de la maison, vers le milieu du sujet. 1842.

AA. 368.

6. Un homme dans une cave. — H. 88^{m}. L. 55^{m}. — Assis sur un banc contre un pilier, coiffé d'un chapeau à larges bords, un homme tient de la main droite une chandelle qui éclaire seule le réduit; de l'autre main, il tient un broc; il regarde à droite en lançant une bouffée de fumée. 1842.

AA. 369.

7. Petit moulin a Montmartre. — H. 64^{m}. L. 46^{m}. — Élevé sur un monticule, un moulin, vu de profil, domine un jardin, clos en avant par un long mur percé d'une porte. 1842.

Ce sujet a été gravé sur la même planche que le suivant & ils n'ont pas été séparés. S'il se trouve isolé, c'est que l'épreuve aura été coupée après le tirage.

AA. 353. N. Coll.

8. DESSOUS DE PORTE. — Diam. 31^{m}. — Ce petit sujet de forme ronde a la dimension d'une pièce de dix centimes. Au bout d'une ruelle dans l'ombre, sous une maison s'ouvre un large passage obscur qui laisse voir une cour très-éclairée. Deux portes, une à droite & une à gauche, donnent au premier plan sur la ruelle. Plus loin on distingue une brouette, un tonneau debout & à gauche un homme qui marche. 1842. Signé : *Ch. Jacque.*

AA. 353. N. Coll.

9. CHARRETTE PRÈS D'UNE MAISON. — H. 53^{m}. L. 49^{m}. — Une charrette, attelée d'un cheval, est arrêtée devant une chaumière derrière le toit de laquelle paraît une seconde chaumière. A gauche, une grange en planches ; par derrière, un arbre. 1842.

Épreuve de remarque : Trois traits de pointe sèche dans le ciel à gauche.

10. PAYSAGE. FORÊT VIERGE. — H. 305^{m}. L. 430^{m}. — Une rivière serpente à travers une forêt touffue. A droite, de gros arbres enlacés de lianes & entremêlés de différentes plantes. Au second plan, les feuillages épais sont dominés par une colline. A gauche, quelques grands arbres formant coulisse semblent prendre naissance sur un îlot. Au premier plan, bon nombre de plantes aquatiques s'étalent sur les bords de la rivière contre lesquels un bateau est échoué. Deux naturalistes sont occupés, l'un à chercher dans l'herbe, l'autre à examiner un objet qu'il tient dans ses doigts. Fait en 1842, d'après des croquis, pour un livre de voyage, ce paysage n'a jamais été dans le commerce.

Premier état : Eau-forte pure. Épreuve unique. Deuxième état : Divers changements dans les arbres & sur le premier plan. Nombreux travaux de burin & de mécanique par toute la planche. Mais l'auteur, après ces modifications, a trouvé la planche si médiocre qu'il l'a détruite lui-même après un tirage de quelques épreuves seulement.

11. ENFANTS EN PRIÈRE. — H. 64^{m}. L. 100^{m}. — Derrière un angle de mur plongé dans l'obscurité, quatre enfants agenouillés reçoivent la lumière de face : le premier appuie sa tête entre ses mains sur le siége d'une chaise. 1843.

AA. 350.

12. BUVEUR. — H. 84^{m}. L. 71^{m}. — Un homme sur un escabeau est tourné vers la droite, son chapeau rabattu sur les yeux & tenant entre les mains un pot dans lequel il va boire. Au fond, un tonneau surmonté d'un pot à anses. A gauche, une marmite en fonte, garnie de son couvercle, vue de moitié; en avant, à terre, une pipe cassée. Signé : *Ch. Jacque. 1843.*

AA. 356. N. Coll.

13. ESCALIER DEVANT UNE MAISON. — H. 47^{m}. L. 71^{m}. — Une vigne, dont le pied est à gauche entouré de pierres, couvre d'une treille le mur d'une chaumière. Un escalier qui fuit à droite monte à un palier ouvert surmonté d'un toit; une femme est assise avec un petit enfant sous l'abri auquel ce palier sert de plafond Deux autres enfants jouent plus loin. Au fond, à droite, une échelle monte à une fenêtre. — Signé : *Ch. Jacque. St Côme. 26 7bre 1843.*

L'épreuve ordinaire porte son numéro de publication 12.
AA. 356. N. Coll.

14. MAISON DE PAYSAN A CRICEY. — H. 88^{m}. L. 101^{m}. — Une maison de paysan occupe la gauche; deux escaliers montent au premier étage. Un petit garçon joue à gauche avec un bâton. Au fond, une grange, et par devant, une femme

portant une botte de paille. Au-dessus du toit de la grange, quelques arbres & trois oiseaux dans le ciel. Signé : *1843. Cricey. Ch. Jacque.*

Premier état : Eau-forte pure. Deuxième état : Des travaux de pointe sèche horizontaux & de roulette ont été ajoutés au-dessus du toit de la grange. Dans le terrain, des points de roulette. Toute la planche, passée au brunissoir, a perdu sa vigueur.

AA. 394. N. Coll.

15. Masures. — H. 40m. L. 108m. — Plusieurs maisons délabrées se présentent de face les unes devant les autres. A gauche, un tas de pierres devant une maison qui occupe toute la hauteur de la planche. En avant, une cabane très-longue avec une porte, une large fenêtre et un tuyau de cheminée sur le pignon. A droite, des huttes en bois & en chaume à claire-voie. 1843. Au bas : *Cricey.*

Premier état : Eau-forte pure. Deuxième état : Traits ajoutés à gauche dans le ciel pour accuser les masses de nuages ; quelques tailles dans le pignon qui monte jusqu'au sommet de la planche, obliquement aux tailles qui se trouvent dans le premier état.

AA. 421. N. Coll.

16. Paysage. — H. 40m. L. 108m. — Sur le bord d'un chemin rustique, à gauche, derrière un buisson, apparaissent deux cabanes que couvre de ses ramures un arbuste touffu ; au fond, des buissons & une meule cachent l'horizon ; à droite, un enchevêtrement de broussailles, de masures, &, par devant, un char sans roues, surmonté d'une échelle. 1843. Au bas : *Cricey.*

Une épreuve unique, à cet état. La planche a été retouchée, gâtée & probablement détruite.

17. Paysage. — H. 48m. L. 41m. — Une mare, au premier plan, &, à côté, un personnage étendu & accoudé. Derrière, un rocher, couvert aux trois quarts de verdure, dominé par

deux hauts arbres dont l'un sans feuilles. Au fond, à gauche, un bouquet d'arbres éloignés. 1843. Signé : *Ch. Jacque.*

Il n'en existe que deux épreuves.

Premier état : Eau-forte pure. Deuxième état : Retouches à la tête & à la poitrine du personnage, qui se trouve ainsi dans l'ombre.

18. Tête de vieillard. — H. de la planche, 155^{m}. L. 120^{m}. — Un vieillard assis, tourné vers la gauche, regarde de face. De longs cheveux & une longue barbe encadrent sa tête recouverte d'un chapeau à larges bords. Il tient une gamelle dans sa main droite & y enfonce une cuiller. Signé : *Ch. Jacque. 1844.*

Premier état : Avant la planche coupée, portant l'indication de filets formant un cadre. Il en a été tiré trois épreuves. Deuxième état : Quelques coups de burin sur le bord inférieur du chapeau & au front dans la partie ombrée.

AA. 357. N. Coll.

19. Fumeur. — H. 210^{m}. L. 149^{m}. — Un homme à béret & en bras de chemise, avec des espadrilles, est assis sur un billot. Tourné vers la gauche, il allume sa pipe de la main gauche. On distingue à peine le profil perdu de sa figure. 1844. Signé, en haut : *C. J.*

La signature *Ch. Jacque* 1845, ajoutée en bas, n'est pas de M. Jacque. Le fond a été refait.

AA. 361.

20. Liseurs (effet de lumière). — H. 120^{m}. L. 120^{m}. — Un homme, presque de face & à mi-corps, le visage éclairé par une chandelle qu'il porte à la main, sourit en lisant un papier qu'il tient de sa main droite. Dans l'ombre, on aperçoit un second personnage qui penche la tête pour lire par-dessus l'épaule du premier. 1844.

Premier état : Fonds noircis au grès. Deuxième état : Les fonds sont moins noirs & des travaux de burin ont été ajoutés dans la figure & le cou.

AA. 555.

21. JOUEUR D'ORGUE. — H. 176m. L. 138m. — Devant un mur, un joueur d'orgue, assis sur son instrument & la tête couverte d'une casquette à vaste visière, fume en regardant son caniche couché à ses pieds. De sa main gauche, il tient une baguette.. Au premier plan, à gauche, gît une marmite renversée. Signé : *Ch. Jacque 1844 inv. Sc.* C. B. J. N° 1.

Premier état : Eau-forte pure. Deuxième état : Des travaux de pointe sèche & de burin ont été ajoutés dans les ombres pour les rendre plus vigoureuses.

M. Jacque nous a ainsi donné l'explication des initiales C. B. J. Cette planche & d'autres où nous retrouverons les mêmes lettres devaient faire partie d'une collection formée en collaboration avec M. Berthault; de là ces initiales qui signifient : Collection Berthault-Jacque.

22. PETIT MENDIANT. — H. 48m. L. 31m. — Un petit enfant, en guenilles, & portant une besace attachée par une ficelle, tend son chapeau à un homme qui passe la tête par une fenêtre toute plongée dans l'ombre. 1844.

Premier état : Eau-forte pure. Deuxième état : Eau-forte remordue.

23. PAYSAGE D'HIVER AVEC MAISONS. — H. 76m. L. 70m. — Sur le devant, dans un pré, une chèvre broute; plus loin, une femme assise sur l'herbe. On aperçoit à droite une maison à demi cachée par les branches d'un arbre sans feuilles & entourée de plusieurs palissades; à gauche, un tertre surmonté d'une palissade & quelques arbres rabougris. Ciel couvert. Signé : *Ch. Jacque. 1844.*

Premier état : Eau-forte pure. Une femme portant une hotte derrière une palissade. Deuxième état : La femme à la hotte est effacée & dans le fond quelques tailles sur les palissades du coteau les rendent plus vigoureuses.

24. PORTE D'AUBERGE (effet de lumière). — H. 30^{m}. L. 21^{m}. — On distingue sur le ciel la silhouette sombre de l'auberge, son enseigne suspendue & une femme sur le perron élevé venant recevoir un homme qui arrive avec son cheval. Cette scène nocturne est éclairée seulement par la lumière que porte la femme. 1844.

Il n'existe que deux épreuves de cette planche, détruite par l'auteur lui-même.

25. LES CHANTEURS. — H. 362^{m}. L. 308^{m}. — Devant une table, placée à droite, dont l'angle supporte un verre de haute forme & une pipe, deux personnages font de la musique. L'un, assis par devant, chante en s'accompagnant sur la guitare & tourne à demi la tête pour regarder de face. L'autre debout, à la gauche du premier, est moins savant; car il suit avec grande attention la musique sur le papier qu'il tient entre les mains. Vers 1844. Signé en haut : *Ch. Jacque*. Au-dessous de la gravure on trouve : *Ch. Jacque inv. Sculp*^{t}.

C'est la seule planche où M. Jacque ait gravé des personnages de cette taille. Les têtes ont soixante-dix millimètres de haut.

26. LE TUEUR DE COCHONS. — H. 98^{m}. L. 80^{m}. — Dans une pièce obscure, un garçon charcutier, les manches retroussées, dépèce avec son coutelas un porc suspendu au mur par les pattes de derrière. Au-dessous du porc, un billot. A droite, un trépied &, contre le mur, une échelle. 1844.

Cette eau-forte a été tracée sur une planche qui longtemps avait servi à une sorte de jeu de palet; on y distingue encore toutes les égratignures que le métal avait endurées en frottant le sol.

Premier état : Eau-forte pure. Deuxième état : Un chambranle de porte ajouté au burin sur la gauche, & partout des travaux dans les ombres. Les contours ont été presque partout repris au burin.

AA. 362. N. Coll.

27. La cruche cassée. — H. 110^{m}. L. 94^{m}. — Au milieu d'une pièce, contre une table qui porte un verre & un panier, un homme assis de face, les yeux à moitié cachés par les larges bords de son chapeau, montre de la main droite une cruche brisée dont les éclats sont à terre. A droite & au fond, des draperies contre les murs; au mur est collée une petite image. Signé : *Ch. Jacque. 1844.*

AA. 355.

28. Paysage. — H. 34^{m}. L. 78^{m}. — Sur le bord d'une rivière qui coule à gauche, plusieurs barques sont amarrées &, au fond, deux chaumières montrent de face leur large toit. Au premier plan, une vache couchée, deux bateaux plats amarrés à la rive & deux arbres dont la cime est coupée par le cadre. Une femme puise de l'eau à la rivière avec cet instrument, appelé en Bourgogne une pingaule, qui se compose d'une longue perche posée en travers d'une fourche, avec un seau à un bout & une pierre pour servir de contre-poids à l'autre extrémité. Au second plan, des arbres entourés de palissades; au fond, se dessine la silhouette d'une autre pingaule. Temps pluvieux. 1844. Signé : *Ch. J.*

AA. 414. N. Coll.

29. Mendiant. — H. 34^{m}. L. 26^{m}. — Un vieillard, dont le haut du corps seul est dans la lumière, se détache sur un fond sombre. De sa main gauche il s'appuie sur un bâton, tandis que de l'autre il tend son chapeau; sa tête est couverte d'un bonnet. Le sujet est enfermé dans un cadre à huit pans. 1844.

Premier état : Eau-forte pure. Deuxième état : Travail de roulette sur toute la surface de la planche. Troisième état : Au brunissoir on a égalisé la tête, les mains & l'épaule pour leur donner plus de lumière.

30. Paysage. — H. 50^{m}. L. 80^{m}. — Dans une plaine où s'élèvent à droite quelques arbres sans feuilles, on voit à gauche

une cabane en planches, devant laquelle une femme donne à manger à trois poules; à côté, une charrette dételée recouverte d'une bâche; de l'autre côté, une femme se promène avec son enfant & son chien; plus loin, vers le milieu, un cheval paît près d'une seconde chaumière; sur le premier plan, une auge, une mare, au bord de laquelle est jeté un baquet. Dans le ciel, quelques nuages & une volée d'oiseaux. Signé : *Ch. Jacque. 1844.*

AA. 411. N. Coll.

31. Mendiant. — H. 58m. L. 30m. — Un vieillard à longue barbe, coiffé d'un vaste chapeau & vêtu d'une longue houppelande, s'avance péniblement, la main gauche appuyée sur son bâton & tenant un large panier plat pendu à son poignet droit. 1844.

Premier état : Un trait vertical de pointe sèche à gauche en haut & un trait horizontal en bas, comme pour encadrer le dessin. Deuxième état : Les faux encadrements ont disparu.

AA. 373.

32. Dessous de forêt. — H. 67m. L. 103m. — Un feuillage épais assombrit ce coin de bois. A gauche, un énorme tronc de chêne; derrière, apparaît un cavalier au-dessus de la ligne de l'horizon. Le terrain est parsemé de rochers qui se dressent verticalement. 1844. Gravé, d'après une étude de Théod. Rousseau, pour un journal d'art publié par M. Thoré.

Premier état : Eau-forte pure. Deuxième état : Travaux de roulette rendant les noirs plus intenses.

33. Récureuse. — H. 100m. L. 164m. — Dans une cour intérieure, une jeune servante agenouillée récure une marmite, à droite, devant une porte entr'ouverte; derrière elle, contre le mur, une clef. En allant vers la gauche, on ren-

contre sur un même plan une fourche appuyée au mur, des boîtes à lait & une cuiller à pot accrochées; à terre, un baquet sur un billot. Au delà, une large porte de cave, & devant, un poêlon, puis un tonneau avec un panier en osier, au-dessus, une faux & un tuyau de descente. Signé : *C. J. 1844.*

Premier état : Eau-forte pure. Deuxième état : Burin dans la tête, le baquet & la porte de cave; pointe sèche dans la porte entr'ouverte sur laquelle se détache la tête.

AA. 381. N. Coll.

34. Bords d'une rivière. — H. 95^{m}. L 125^{m}. — Sur une rivière sont amarrés deux bateaux marnois à haut gouvernail; sur l'un d'eux se dresse un mât. Deux femmes sont arrêtées sur la berge. A droite, la terre &, au second plan, de hauts arbustes; à gauche, quelques pieux percent la surface tranquille de l'eau. Signé : *Berthault inv. 1844. Ch. Jacque sc.*

AA. 410.

35. Paysage; environs d'Asnières. — H. 76^{m}. L. 105^{m}. — La Seine occupe tout le premier plan; au second plan, à gauche, la berge, puis un rideau d'arbres; un bateau avec deux personnes sur le milieu de la rivière; à droite, une île couverte de joncs; dans l'éloignement, une maisonnette entre deux arbres. Ciel nuageux. Signé : *Ch. Jacque. 1844.*

Premier état : Remarque de traits verticaux de pointe sèche à droite & à gauche. Deuxième état : Les traits verticaux effacés.

AA. 395. N. Coll.

36. Paysage; ile d'Aligre. — H. 87^{m}. L. 130^{m}. — Au milieu, un bouquet d'arbres très-épais; deux femmes, l'une debout, l'autre assise dans une herbe touffue. A gauche, une échappée de vue sur des coteaux éclairés & boisés. 1844.

Signé, dans le ciel, à gauche : *C. B. J.* Au-dessus du cadre se trouve le n° 5. Voir pour ces trois initiales notre explication à la planche 20.

AA. 403. N. Coll.

37. Paysage. — H. 127m. L. 175m. — Sur le bord sinueux d'une rivière qui coule à gauche, se dressent trois arbres très-contournés & plus loin un tronc d'arbre brisé; au fond, à droite, une haie où s'ouvre un passage & au-dessus de laquelle un homme se détache en vigueur sur le ciel. On distingue un bâtiment entre les arbres. Le premier plan est entièrement occupé à droite par des roseaux touffus. Signé : *Ch. Jacque. 1844.* Au bas on lit : Gravé d'après le dessin de Th. Rousseau.

38. Paysage. — H. 64m. L. 80m. — Dans une cour de ferme, bornée à droite par un ruisseau sur lequel est jeté un petit pont de planches, une vieille femme prend un objet que lui présente un enfant. Au fond, une palissade de planches &, derrière, une pingaule au milieu des arbres; à droite, un pommier & quelques chaumières à demi cachées par des palissades. Une cheminée laisse échapper un léger filet de fumée; au-dessus, trois oiseaux & cinq têtes d'arbres. Signé : *1844. Ch. Jacque.*

Premier état : Eau-forte pure. Deuxième état : Retouches dans les palissades, les fonds, le bord du toit de chaume; les bonnets de la femme & de l'enfant ont été noircis.

AA. 413. N. Coll.

39. Paysage; ile d'Aligre. — H. 58m. L. 80m. — A gauche, la berge de l'île à laquelle sont amarrés deux bateaux; plus loin des roseaux; à droite, derrière la rivière, on aperçoit la rive opposée. Au fond, un rideau d'arbres masque entièrement l'horizon. On distingue une maison sur la rive

droite dans un groupe d'arbres. Signé : *1844. Ch. Jacque inv. C. B. J.* N° 4.

AA. 397. N. Coll.

40. Paysage (effet de lumière). — H. 60m. L. 80m. — Au bord d'une mare, la nuit, une femme accroupie puise de l'eau; à côté, un homme debout l'éclaire avec une lumière. On distingue à gauche un tonneau, une roue, un pieu, au pied d'un mur par-dessus lequel apparaît une maison. Au milieu & à droite, dans le fond, des arbres. 1844.

41. Paysage. — H. 62m. L. 106m. — Une rivière tourne au bas d'un coteau qui la domine à droite. Un bouquet d'arbres très-foncé sur la gauche fait ressortir les rayons lumineux dont le soleil éclaire la rivière. Le disque de l'astre apparaît à gauche, légèrement indiqué. Au milieu, des peupliers & un pieu soutenu par des étais s'élèvent sur le bord de l'eau. 1844, Signé : *Ch. J.*

Planche détruite après un tirage de deux épreuves.

Premier état : Eau-forte pure, non signée. Deuxième état : Pointe sèche dans le ciel & dans les fonds; roulette dans l'eau & les terrains ombrés. Signé.

42. Deux cochons. — H. 36m. L. 62m. — Deux porcs mangent, à gauche, dans une auge. Un toit très-bas s'élève au-dessus d'eux. A droite, une terrine; toute l'extrémité droite est dans l'ombre. Les blancs sont enlevés au petit vernis. 1844.

43. Chien couché. — H. 35m. L. 66m. — Un chien à longues oreilles, le cou garni d'un collier, s'est couché, en rond. On ne voit que le haut de sa patte gauche de derrière & l'extrémité de sa patte droite de devant. Signé : *1844. Ch. J.*

Premier état : Eau-forte pure. Deuxième état : Toute la planche a été passée au grès, les fonds sont devenus très-noirs & aussi le fond gauche, qui était très-clair au premier état.

44. CHAMP DE BLÉ. — H. 51^{m}. L. 110^{m}. — Un champ de blé occupe les premiers plans d'un coteau sur toute la largeur ; il est en plein soleil. Vers la droite, une route le traverse & semble coupée à angle droit par un autre chemin dont on ne voit que la naissance. Un petit homme coiffé d'un chapeau s'avance sur la route. Au fond, des arbres hauts & touffus s'étendent sur toute la largeur du paysage, & ne laissent qu'une percée vers la gauche. Légers nuages dans le ciel. Signé : *Ch. Jacque. 1844.*

45. ANON. — H. 24^{m}. L. 49^{m}. — Un ânon à grosse tête est couché de profil, la tête tournée vers la gauche. Sauf l'ombre de l'animal, les fonds sont à peine indiqués. 1844. Signé : *Ch. Ja.*

Premier état : Eau-forte pure, avant la signature. Deuxième état : Quelques traits de pointe sèche devant la tête de l'âne, à la hauteur de l'œil & en bas, tout le long du cadre, surtout dans les angles à droite & à gauche. La signature ajoutée en haut, à gauche.

46. CHEMIN DE RONDE DE PARIS. — H. 50^{m}. L. 74^{m}. — A droite, se dresse un grand mur qui se trouve en pleine lumière dans le fond en tournant vers la gauche. Au-dessus du mur, on voit quelques branches d'arbres, une maison & le haut du pignon d'une seconde maison entourée d'arbres. Au bas de la muraille, un trottoir occupé par un passant. Au milieu, s'étend le chemin de ronde, traversé par une mare ; cinq ou six promeneurs apparaissent dans l'éloignement. A gauche, au second plan, deux maisons très-sommairement indiquées par des tailles verticales coupent le chemin de leur ombre. 1844.

Une épreuve ne porte pas l'indication 2B, tracée aux autres, dans le ciel à gauche.

47. Paysage. — H. 46^m. L. 69^m. — Un site accidenté présente à gauche la moitié d'un monticule coupé à mi-côte par un peuplier. Des herbes touffues, des arbustes occupent les premiers plans & le fond; au milieu, un homme assis sur un pli de terrain & tourné vers la gauche. Derrière lui, un pommier. Au premier plan, à droite, un trou. Signé : *Ch. Jacque sc. 1844. 28 juillet.*

Premier état : Un cheval est attaché devant l'homme assis. Tout le paysage est du même ton. Deuxième état : Le cheval supprimé; la manche de l'homme est détachée en blanc. Des vigueurs ajoutées au premier plan, dans l'angle du trou, dans le feuillage de l'arbre & du peuplier, espacent les plans & donnent de la légèreté aux feuillages. Un groupe d'arbres ajouté au fond à droite.

AA. 420. N. Coll.

48. Les tueurs de cochons. — H. 98^m. L. 120^m. — Au milieu, en avant d'un large passage qui donne sur la rue, deux hommes dans une cour intérieure se préparent à tuer un cochon. L'un d'eux montre de son coutelas à son compagnon le cochon étendu à gauche contre le seuil d'une porte, les pattes liées. Sur la porte apparaît une jeune paysanne nu-pieds, une terrine dans la main. Un baquet sur trois pieds élevés se dresse derrière la porte. A droite, deux porcs mangent dans leur auge. A travers le passage on aperçoit deux hommes, dont l'un porte un bâton. De l'autre côté du chemin, on voit le mur éclairé d'une chaumière percé d'une fenêtre. Signé : *C. Jacque. 1844.*

Premier état : Avant la signature. Deuxième état : La signature est ajoutée en haut dans la poutre.

AA. 400. N. Coll.

49. Le repas de paysans. — H. 98^m. L. 120^m. — Dans l'intérieur d'une chaumière, quatre dîneurs sont assis sur des escabeaux à une table carrée, couverte d'une nappe; trois paysans & leur curé renversé sur le dossier de sa chaise &

tenant un couteau à la main. Ils discutent vivement. Un des dîneurs qui tourne le dos, élève une bouteille pour voir ce qu'elle contient. Au premier plan, à gauche, un tonneau avec son robinet, & dessous, un baquet; puis, un chien qui mange un os; à droite, un os, deux boîtes à lait, un coffre, un escabeau. Derrière le curé, un buffet chargé de divers ustensiles de ménage & un garde-manger. Plus loin, un homme apporte un plat. Vers le milieu de la pièce commence un escalier qui monte au premier étage avec une rampe rustique. Une femme, tenant un broc de chaque main, se tient debout près de l'escalier. Vers la droite, au fond, à travers une porte ouverte, on aperçoit un homme debout, un cuisinier, devant une croisée qui l'éclaire.

Premier état : Eau-forte pure, très-pâle. Deuxième état : Une tache noire sur le mur à droite est enlevée; toutes les têtes nettoyées; les fonds repris à la roulette; travaux de burin sur la nappe & les fonds. Troisième état : Ne diffère des précédents que par des travaux de burin qui donnent plus d'harmonie aux fonds. Quatrième état : Des retouches dans les têtes & les mains complètent le modelé.

AA. 390. N. Coll.

50. Paysage. Hiver. — H. 30m. L. 76m. — Sur le premier plan, un étang gelé que traverse un homme poussant une perche; au bord est amarré un bac. Derrière l'étang sont deux chaumières séparées par un terrain enclos de palissades derrière lesquelles s'élèvent trois arbres dépouillés. A l'extrême droite, d'autres arbres. Sur la gauche, au premier plan, une planche, puis un chemin par lequel arrive un âne chargé d'un bât; deux ou trois chaumières forment le fond. Dans le ciel volent quatre oiseaux. 1845.

AA. 416. N. Coll.

51. Un coin de ferme. — H. 91m. L. 115m. — Au seuil d'une porte deux petits enfants sont assis, l'un sur une pierre, le plus jeune par terre, coiffé d'un bonnet & tenant un fouet.

L'es planches de la porte sont coupées par le milieu de manière à former une sorte de fenêtre, au-dessous de laquelle pend un anneau; à gauche, une échelle appuyée au mur; au-dessus, une cage en bois coupée par le cadre. Un vaste toit prend presque tout le fond & recouvre à droite un tonneau chargé de paille, puis une très-grande caisse au-dessus de laquelle on distingue un plancher d'où tombe de la paille; le long de la caisse, un baquet & un tonneau. A l'extrême gauche, un fond de paysage, du ciel, &, au-dessus du toit en pente, deux troncs d'arbres; au premier plan, une planche, une branche & une écuelle. Signé : *Ch. Jacque. 1845.*

Premier état : Eau-forte pure; au milieu, un coq & une poule. Deuxième état : Retouches au burin dans les parties sombres du hangar & sur les premiers plans; la poule est effacée, le coq reste. Troisième état : Le coq est enlevé; beaucoup de travaux de pointe sèche, à gauche, autour de l'écuelle.

AA. 391. N. Coll.

52. PORTE D'UNE CHAUMIÈRE. — H. 130^{m}. L. 101^{m}. — Devant l'entrée d'une chaumière est arrêtée une femme tenant un enfant sur son bras gauche. La maîtresse de la maison, coiffée d'un bonnet & accoudée sur la porte basse, regarde la visiteuse. A droite de la porte, sous le chaume qui avance, des perches posées horizontalement sur des crochets en bois. A gauche, une fenêtre fermée, dont le volet est entr'ouvert. Au-dessous, un banc, devant lequel joue un petit enfant en bonnet. 1845. Signé : *Ch. Jacque.*

53. TÊTE DE MOINE EN PRIÈRE. — H. 115^{m}. L. 102^{m}. — Un moine à longue barbe, aux traits fortement accentués, le capuchon rabattu sur le front, les yeux fermés, prie de face. Devant lui, un livre ouvert sur lequel sont appuyées ses mains jointes &, près de son bras gauche, une tête de mort.

Sur un mur du fond on distingue une poutre. 1845. Gravé à la plume de fer.

Premier état : Eau-forte pure. Deuxième état : Les ombres, dans le mur en haut, à gauche, sur la figure, les manches, la tête de mort, ont été reprises au burin. Six ou sept traits verticaux au burin au milieu du mur à droite & d'autres traits obliques, moins allongés, ont été ajoutés. On a tiré une contre-épreuve à cet état.

Cette gravure & les trois suivantes ont été publiées sous le nom de Ribera, ainsi que quelques autres planches de M. Jacque.

54. Tête de moine en prière. — H. 115m. L. 102m. — Un moine, tourné vers la gauche, prie en élevant ses mains jointes. Son vaste capuchon ne laisse que son nez & sa barbe dans la lumière. 1845.

Premier état : Épreuve de remarque; le sujet n'est pas encadré. Deuxième état : Un trait noir tracé autour de la gravure & quelques traits horizontaux ajoutés dans une partie claire au-dessus de la tête. Quatre grands traits de burin, à droite, derrière la tête. A gauche, coups de burin dans le fond.

55. Liseur (effet de lumière). — H. 108m. L. 100m. — Près d'une chandelle placée à droite, un jeune homme, à mi-corps, lit un livre qu'il tient de sa main droite. Sa tête, légèrement inclinée à gauche, s'appuie en avant sur sa main gauche, que de longs cheveux en désordre recouvrent à moitié. Ce liseur est vêtu d'une simple chemise entr'ouverte sur la poitrine. 1845.

Premier état : Avant l'inscription. Deuxième état : Au bas, dans l'ombre, à gauche, est écrit : *A. Ribera, 1621*. Il a été tiré une contre-épreuve de cet état.

56. Moine lisant. — H. 112m. L. 106m. — Tourné vers la droite, un moine à mi-corps lit dans un livre ouvert sur des papiers. Une plume est posée sur le bord du livre. Le capuchon, rabattu sur la tête, met dans l'ombre le profil du liseur,

dont la main droite est cachée sous la table & la main gauche posée sur le livre. 1847.

Premier état : Signé en haut : 1847, *Ch. Jacque, inv. Sc.* ✝. Deuxième état : Signature effacée. Troisième état : Signé en bas : *A. Ribera,* 1621. (Contre-épreuve.)

Nous avons placé ici cette planche datée de 1847 pour la rapprocher de la suite des Ribera à laquelle elle appartient.

57. Paysanne. — H. 86m. L. 72m. — Une femme paraît sortir d'une maison & s'avance vers la gauche. Elle tient de ses deux mains une marmite. Contre la porte est suspendu à un clou un pot à lait. A gauche, sur une pierre, une grande boîte à lait avec des anses. 1845.

Premier état : Eau-forte pure. Deuxième état : Travail de roulette & de grès sur toute la planche; la figure même est reprise au burin. Pointe sèche dans la jupe.

AA. 371.

58. Buveurs d'après Ostade. — H. 142m. L. 119m. — Cinq buveurs, séparés par un montant en bois, trois à droite, deux à gauche, se montrent à mi-corps à une fenêtre. Celui qui est en avant tient son chapeau de la main gauche & élève en dehors un verre haut, en forme de vidercome. Derrière lui, un second personnage de profil, à chapeau élevé, allume sa pipe à celle d'un troisième individu dont on ne voit que le haut de la tête. De l'autre côté de la fenêtre, un homme, tourné vers la droite & accoudé, montre sa tête rieuse; derrière lui, un autre joyeux compère. Au-dessus de la fenêtre, des carreaux à moitié cassés, au milieu, deux pipes en sautoir, une cruche défoncée, & au-dessus, une palissade de houblon. On voit à droite la moitié du volet ouvert. Signé : *A van Ostade pinx. Ch. Jacque sc. 1845.*

59. Buveurs d'après Ostade. — H. 115m. L. 102m. — Trois buveurs, une femme & deux hommes, sont attablés.

Le premier, à droite, se tourne vers ses compagnons, tenant de la main gauche un pot à large panse. Au fond, le second dedout, coiffé comme le premier d'un chapeau, sourit en voyant la vieille, de face, levant son verre pour trinquer. Signé : *A. V. Ostade. p^t. Ch. Jacque sc. 1845.*

60. Escalier. — H. 156^{m}. L. 120^{m}. — Dans un angle formé par le mur extérieur d'une chaumière, sous un auvent de planches très-grossièrement façonnées, monte une échelle de meunier. Une poutre soutient l'angle de l'auvent. Contre cette poutre est suspendue une cage &, au-dessous, un torchon; à son pied, un chaudron. Au bas de l'escalier, sous une casserole pendue au mur, joue un petit enfant avec une cuiller & une écuelle. Au premier plan, des planches & une terrine cassée, à moitié pleine. Sous l'escalier qui mène à une porte close, on voit une autre porte percée d'un trou. A droite, une femme bat du beurre dans une baratte. Signé au milieu, en haut : *1845. Ch. J.*

AA. 360. N. Coll.

61. La poésie dans les bois. — H. 96^{m}. L. 69^{m}. — Au bord d'une source, à l'ombre d'arbres touffus, bizarrement enlacés de lianes, est étendue une femme nue; un ruban dans les cheveux, la tête appuyée sur son bras gauche, elle semble se mirer dans la source. A gauche, un arbre droit & peu garni occupe le premier plan; derrière se voit un lac & plus loin un bois épais. Le haut de la gravure est cintré. Gravé sur acier. Signé : *Ch. Jacque inv. sc. 1845.*

Premier état : Le lac & le fond d'arbres à gauche n'existent pas. Eau-forte pure. Deuxième état : Le lac & le fond d'arbres ont été ajoutés, les troncs d'arbres, les terrains de droite ont été repris au burin & rendus plus vigoureux; le corps de la femme, retouché, a pris un ton plus uniforme.

AA. 372. N. Coll.

62. PAYSAGE. TROUPEAU DE COCHONS. — H. 181^{m}. L. 121^{m}. — A gauche, un troupeau de cochons est installé près d'une mare. Les uns, étendus sur le flanc, dorment, d'autres mangent dans une auge. Une fille de ferme arrive portant leur nourriture dans un chaudron. Au fond, une femme se tient debout près d'un enfant assis à terre. Vers la droite, un chien & quelques cochons couchés, & par derrière, une pingaule & une chaumière seulement indiquées. Signé : *Ch. Jacque. 1845.* J^{er}.

AA. 382. N. Coll.

63. DEVANT DE MAISONS. — H. 69^{m}. L. 94^{m}. — Devant une maison dont on ne voit que le rez-de-chaussée, on aperçoit d'abord, vers la droite, après une porte, une espèce de cage sous une fenêtre toute garnie de torchons; contre cette cage un balai &, au pied de quelques marches menant à une deuxième porte, un enfant assis à terre; plus loin, sur un banc, trois femmes dont deux ont des enfants sur les genoux & une petite fille debout; enfin, sur le seuil d'une troisième porte accostée de deux cages, une autre femme assise, & à l'extrême gauche, une fenêtre. 1845.

64. JOUEUR DE GUITARE. — H. 73^{m}. L. 117^{m}. — Un jeune homme, assis à droite & tourné vers la gauche, appuie sa guitare contre une table en lisant dans un cahier de musique étendu devant lui. 1845. Signé : *Ch. Jacque.*

AA. 583. N. Coll.

65. PAYSAGE. SAULES. — H. 73^{m}. L. 134^{m}. — Sur le bord d'une rivière, au milieu des joncs, se dressent trois saules; vers la droite, un chasseur à moitié caché par les herbes, avec son fusil & deux arbres assez grêles. A gauche, un bateau plat est à moitié tiré hors de l'eau; au fond, on distingue un pêcheur à la ligne, quelques arbres & deux autres person-

nages. Trois oiseaux traversent le ciel. Signé : *Ch. Jacque. 1845.*

Premier état : Épreuves de remarque. Avec le pêcheur & les deux personnages au fond à gauche. Deuxième état : Les deux personnages du fond ont été effacés visiblement, les buissons du fond un peu élevés & des traits au burin ajoutés dans l'eau, derrière le bateau.

AA. 392. N. Coll.

66. Paysage. Hiver. — H. 74^{m}. L. 135^{m}. — Sur la croûte d'un étang gelé, une planche, quelques branches mortes & deux canards. Une femme s'avance en traversant la glace. Un bac est amarré, à gauche, à la rive, & à côté, une femme porte une botte de paille. Derrière elle, un arbre; puis en allant vers la droite, une chaumière à toit irrégulier & à son extrémité, deux enfants. D'une cheminée s'échappe de la fumée. On aperçoit au fond quelques arbres, puis à droite, une autre chaumière & devant elle, un arbre & un bateau plat au bord de l'étang. Quatre oiseaux volent dans le ciel. Signé : *Ch. Jacque. 1845. J^{et}.*

AA. 396. N. Coll.

67. Récureuse. — H. 66^{m}. L. 134^{m}. — Au milieu de l'estampe, une fille de ferme qui tourne le dos essuie un baquet sur un billot, tout en regardant un petit garçon qui, au fond à droite, lève sa robe &, sans vergogne, satisfait un besoin. A côté, un autre enfant accroupi joue avec une écuelle. Derrière eux, une porte entre une cage & une fenêtre de laquelle pendent des linges. A terre gisent une branche & une serpe. A gauche, devant un toit à porcs, on voit une auge, un tonneau, un chaudron, une cruche & un autre chaudron rempli de linge. Signé : *Ch. Jacque. 1845. J^{et}.*

Premier état : Eau-forte pure, Deuxième état : Toute la planche a été reprise au burin & toutes les ombres plus vigoureusement accusées, surtout dans le coin gauche, où sont l'auge, le tonneau, le chaudron, etc.

AA. 399. N. Coll.

68. PAYSAGE D'HIVER. ENFANTS TRAINANT UN CHARIOT. — H. 73m. L. 117m. — Deux enfants traînent avec une corde un chariot où se prélasse un troisième gamin. Ils gravissent une pente. A droite, au fond, deux saules. A gauche, une passerelle au-dessus d'un ruisseau & derrière, des arbres. On aperçoit au milieu, dans le lointain, un clocher dans des bouquets d'arbres. Dans le ciel quelques oiseaux. Signé : *Ch. Jacque. 1845. Jer.*

Gravé sur bois pour accompagner un article de M. Ch. Blanc dans la *Gazette des Beaux-Arts* du 15 février 1861.

69. PAYSAGE. CHAUMIÈRES. — H. 87m. L. 130m. — Dans une cour villageoise, fermée à gauche par une chaumière, au fond, par une autre chaumière en plein soleil, à droite, par des amas de bois, une haie & des arbres, vaguent quelques porcs. Contre la chaumière de gauche, une femme tient un crible des deux mains. Devant celle du fond, une autre femme prend un seau dans lequel elle vient de tirer de l'eau à l'aide d'une pingaule. Quelques arbres dominent cette chaumière du fond &, vers la gauche, plusieurs oiseaux se dessinent sur un ciel couvert. 1845. Signé : *Ch. Jacque.*

Premier état : Deux peupliers, dont un effeuillé, s'élancent au-dessus du chaume qui fait le fond jusqu'au bord de la planche. Deuxième état : Les peupliers effacés. Troisième état : Signature ajoutée à gauche, sous le cadre.

70. PAYSAGE. EFFET DE NEIGE. — H. 49m. L. 109m. — Au bout d'un vaste champ montueux & tout couvert de neige, on aperçoit une charrue abandonnée & çà & là quelques arbres se dessinent dans l'éloignement. A droite, quatre cor-

beaux s'envolent. Le ciel gris & couvert est traversé d'une nuée d'oiseaux. 1845.

M. Jacque a détruit lui-même la planche & croit qu'il n'existe qu'une seule épreuve, celle de sa collection.

71. PUITS. — H. 79m. L. 119m. — Sous une voûte obscure qui s'enfonce vers la droite, une femme est occupée à des travaux de ménage. Devant elle est un puits au-dessus duquel se balance un seau. Par devant, un coq &, vers la gauche, devant une sorte de poulailler couvert de chaume & de planches mal assemblées, fermé d'une mauvaise porte & éclairé par deux étroites fenêtres, s'étend une auge. Le milieu seulement de la scène reçoit la lumière, le reste est dans l'obscurité. 1845.

AA. 398.

72. DEVANT DE MAISON. — H. 142m. L. 196m. — Une maison rustique fuit vers la gauche. Au premier plan, à droite, un pied de vigne couvre le dessus d'une porte & d'une croisée. Au seuil de la porte, un enfant joue avec une gamelle & une jeune fille assise tient un enfant sur les genoux. Ensuite, contre une cabane en planches dont le toit supporte un panier & une écuelle, le palier d'une seconde porte à laquelle on monte par quelques marches; de ce palier une fille de ferme jette la pâtée à cinq ou six oies assemblées devant la porte de cave ménagée sous le palier. Un enfant s'approche avec un bâton. A l'extrême gauche, une fenêtre à volet au-dessus de laquelle apparaît le bout du toit et, au delà de la maison, on voit une palissade & derrière, des arbres. Signé : *C. J 1845.*

AA. 566.

73. PAYSAGE. PUITS. — H. 80m. L. 113m ½. — Dans une cour rustique fermée, au fond, par une haie, derrière laquelle s'élèvent trois bouquets d'arbres, & à gauche, par une mai-

son à laquelle on ne voit qu'une fenêtre, une pingaule, au bord d'un puits, élève dans le ciel sa haute perche. Le seau est tiré & une femme s'avance avec un enfant. Derrière la pingaule, un tonneau; le long de la haie, au fond, trois ou quatre potirons, une poule devant le puits, dans l'ombre, & quelques oiseaux dans le ciel. Signé en haut, à droite : *Ch. J. 1845. Mai.*

AA. 393. N. Coll.

74. Intérieur de ferme. — H. 162m. L. 240m. — Dans une cour intérieure dorment deux porcs près d'une auge &, à droite, un petit chien dans sa niche. Au-dessus du petit chien, une fenêtre dans l'ombre, puis un balai, une mauvaise échelle & un baquet. Sous un colombier en ruine s'ouvre un passage large & bas, conduisant sur le chemin. De l'autre côté du chemin, on aperçoit une palissade derrière laquelle apparaît une maison au milieu de bouquets d'arbres. Sous le passage, s'ouvre une fenêtre près de laquelle une fille porte un seau. A ses pieds, un plat; devant elle un large baquet; puis la porte de la maison dont le volet supérieur est ouvert; un porc est devant. A gauche de la porte, un banc & dessus un poêlon à couvercle; plus haut, une pioche pend à un clou; dans l'angle supérieur, un tuyau de descente. Signé : *Ch. Jacque. 1845. Jr.*

Premier état : Avant le nom de l'imprimeur, avec une poule qui picore aux pieds de la fille de ferme. Sous la porte, à droite, une vache gagne le chemin sur lequel on voit passer un paysan. Deuxième état : La poule & le paysan sont effacés; la vache remplacée par deux enfants, dont un debout tient un bâton. Au bas, à droite, on lit : Delâtre, impr.

AA. 284. N. Coll.

75. Une cour. — H. 164m. L. 254m. — Près de la porte d'une maison toute disloquée, un vieillard taille un pieu sur un billot rustique. Derrière lui, une brouette dans un enfoncement, surmontée d'une cage; puis une porte démontée, un

seau, un baquet & un pot près d'une pompe. Par devant, une espèce de mare sur le bord de laquelle est un plat. A droite, sous la fenêtre de la maison, dans l'angle formé par un mur qui avance, deux enfants en chemise se disputent une écuelle. Par devant, une hache à terre. Gravure au vernis mou. Signé : *1845. Ch. Jacque.*

Premier état : Un coq & une poule se voient au bord de la mare. Avant la signature. La planche est très-pâle. Deuxième état : Le coq & la poule effacés, le plat au bord de la mare reculé ; la planche entière reprise & des vigueurs ajoutées dans toutes les ombres Un des enfants, qui avait le pied nu, a maintenant un soulier. Le blanc qui était dans le bonnet de l'autre a disparu. Signature ajoutée.

AA. 283.

76. Paysage (d'après un tableau de Rembrandt). — H. 122^{m}. L. 197^{m}. — Les fonds, à droite, sont en pleine lumière ; on y distingue, au pied d'une montagne, des moulins, une tour & une rivière ; les premiers plans & toute la gauche, garnie d'arbres élevés, sont dans l'ombre, une ombre épaisse, & cependant transparente, car on finit par y discerner à droite, sur la rivière, un pont que s'apprête à passer un char, &, vers le milieu, sur l'eau, des joncs, des cygnes & un bateau plat avec un marinier, puis, à gauche, sur la rive, deux hommes devant une tente. Le ciel aussi est tout noir au-dessus des premiers plans & termine le cadre sombre qui enferme le fond tout resplendissant de soleil. Signé, en bas : *Gravé à l'eau-forte d'ap. le tableau original de Rembrandt. 1846. Ch. Jacque.* (L'original appartenait alors à M. de Pastoret.) Gravé, comme le paysage de Th. Rousseau, pour le Journal de M. Thoré.

Premier état : Eau-forte pure avec les barbes. Deuxième état : Les barbes ont été enlevées & toute la planche, reprise à la pointe sèche, au burin & à la roulette, est plus vigoureuse. Un nuage, blanc dans le premier état, est couvert de tailles.

AA. 585. N. Coll.

77. Titre d'une série de vingt sujets. — Hauteur de la planche, 246m. L. 185m. — Par devant, une fille de campagne portant une cruche; à droite, une charrue, un chaudron; plus loin, un cheval & un fond de paysage; à gauche, un puits, une auge & une pingaule. Dans le ciel on lit cette inscription : *20 sujets composés et gravés à l'eau-forte par Ch. Jacque. A Paris, chez Picot, rue du Coq-Saint-Honoré.* Signé : *Ch. Jacque.*

Ce titre n'a été publié qu'en couverture. Quelques épreuves ont été tirées à part comme essai. La série à laquelle cette planche servait de couverture se composait des vingt numéros qui suivent de 78 à 97. Cette publication s'est continuée de 1845 à 1850.

78. Paysage. Chaumière de paysans. — H. 105m. 1/2. L. 171m. — Une chaumière présente à gauche son pignon. En avant, une espèce de hutte en chaume abrite une charrue. Plus loin, un char dételé; puis le pignon d'une seconde chaumière au milieu des haies & des arbres, & le toit de chaume d'une autre habitation, au fond, à droite. Un chemin rustique s'enfonce sur la droite. Au premier plan, à gauche, un porc s'avance vers deux enfants dont l'un, assis, porte un chapeau de paille, &, au milieu, deux canards. Signé : *Ch. Jacque. 1845 7bre.*

Premier état : Un second porc entre celui qui est à gauche & les petits enfants, un troisième canard à droite des deux autres. Un homme est accoudé à la porte de la chaumière. Deuxième état : Le second porc, le troisième canard & l'homme ont été supprimés.

AA. 387. N. Coll.

79. Paysage. Laboureurs. — H. 111m. L. 197m. — Dans un champ deux hommes, dont l'un est couvert d'un chapeau de paille, sont arrêtés près d'une charrue attelée de deux bœufs. L'un d'eux se penche sur la charrue comme pour y réparer quelque chose. Au fond, à droite, une femme ramasse des fagots sur la lisière d'un bois. Au premier plan,

une flaque d'eau. A gauche, au loin, un bouquet d'arbres, & à l'horizon, une route & un village dont on distingue le clocher. Sept oiseaux volent dans le ciel au-dessus du bois. Signé, dans le ciel à gauche : *Ch. J. 1845*.

La première épreuve a été tirée avant la planche coupée.

AA. 388. N. Coll.

80. PAYSAGE. MAISON DE PAYSANS. — H. 104^{m}. L. 174^{m}. — Devant une longue & basse chaumière, percée de plusieurs portes, & s'enfonçant de droite à gauche, sont entassées plusieurs piles de bois. Au fond, une femme tire de l'eau avec une pingaule. Au premier plan, une haie, un enfant avec un bâton & une femme; par devant, un canard & une poule. Sur la gauche, quatre porcs cherchent leur nourriture devant une palissade qui cache à moitié une hutte de chaume. On voit le toit d'une autre hutte au milieu d'arbres élevés. Au ciel, quatre oiseaux. 1845.

Premier état : Eau-forte pure. Deuxième état : Quelques coups de burin dans les dessous.

AA. 389. N. Coll.

81. PAYSAGE. COUR DE PAYSAN. — H. 108^{m}. L. 162^{m}. — Entre deux maisons de paysans, dont l'une montre son pignon & l'autre apparaît de face, s'ouvre une cour intérieure fermée au fond par quelques palissades derrière lesquelles s'élève une pingaule. A droite, la maison principale est percée d'une porte ; un escalier monte ensuite au grenier &, sous le balcon qui est protégé par le toit, s'ouvrent une fenêtre & une porte devant laquelle une femme ramasse du bois. Une lucarne est ménagée dans le toit. Par devant, une auge, une mare où vient boire un porc & une fille de ferme qui récure des chaudrons. Signé, en haut, à gauche : *Ch. Jacque. 1845*. Au-dessous du cadre : N. 7.

82. PAYSAGE ET ANIMAUX. — H. 68^{m}. L. 110^{m}. — Au bord

d'un ruisseau planté de saules & de broussailles, un jeune garçon se penche sur son cheval arrêté, un vrai cheval de labour, sans selle ni bride. Devant lui, vers la gauche, s'avancent trois porcs & une vache. En haut du ciel, trois oiseaux ; derrière, une troupe plus nombreuse. 1845. Signé : *Ch. Jacque.*

Premier état : Eau-forte pure & pointe sèche. Deuxième état : Coups de burin sur les animaux & dans le bas des arbres. Troisième état : Toutes les parties ombrées ont été reprises & rendues très-vigoureuses. Le ciel est couvert & tout traversé de lignes obliques : il pleut. Le milieu de la scène seul est resté pur. Quelques épreuves de remarque ont été obtenues avec un encrage particulier par M. Jacque lui-même.

AA. 408. N. Coll.

83. Le cavalier. — H. 125^{m} L. 92^{m}. — Un voyageur, monté sur un petit cheval à ample crinière & à longue queue, marqué à la fesse *C. J.*, est arrêté devant le perron d'une hôtellerie. Il se penche pour avaler une boisson que la fille d'auberge lui apporte sur un plateau. Un fouet pend du troussequin de la selle. La maison paraît de construction ancienne à en juger par la croisée garnie de plombs & par l'étage supérieur qui s'avance en saillie au-dessus du rez-de-chaussée. Un broc pendu à une potence de fer sert d'enseigne. Un seau, un puits, des arbres & un petit coin de ciel forment le fond de la scène. 1845. Signé (sur le cheval) : *C. J.*

Premier état : Eau-forte pure. Deuxième état : Des travaux de pointe dans le terrain, à gauche ; les ombres ont été reprises au burin & des retouches ajoutées partout à la pointe sèche. Des travaux ont noirci le coin de ciel qui était presque blanc.

Une épreuve de remarque porte sous la bordure : *Ch. J. inv. sc.*, qui ont été effacés.

AA. 358. N. Coll.

84. Paysage. Chaumière. — H. 130^{m}. L. 190^{m}. — Devant une chaumière toute irrégulière & autour d'un puits sur-

monté de sa pingaule sont réunis une charrette, des courges, une charrue, un baquet & une auge à laquelle un cheval vient boire. Une femme détache un seau de la corde du puits. Derrière la chaumière, à gauche, un bouquet d'arbres, une barrière, un fond de paysage garni d'arbres & en avant, une vieille penchée à terre. Au premier plan, une mare; à droite, une palissade garnie d'une porte, ferme la cour de la chaumière plantée d'arbres. Par devant, sur un tas de fumier, une auge. 1845.

Premier état : Eau-forte pure. La mare s'étend jusqu'à l'extrémité gauche de la planche; à l'horizon on distingue des peupliers, & dans le ciel pur paraissent quelques oiseaux à droite. Deuxième état : Des travaux importants ont diminué la mare qui ne va plus jusqu'au bord du cadre. Le fond a été rapproché & des arbres plus grands & plus amples ont remplacé les peupliers. Plusieurs nuages & une troupe d'oiseaux à gauche ont été ajoutés dans le ciel. Enfin, sur le tas de fumier où gît l'auge, est introduite une planche. Troisième état : Les arbres & le ciel du fond, ajoutés au deuxième état, ont été repris à la pointe sèche.

AA. 386. N. Coll.

85. Paysage. Troupeau de porcs. — H. 130m. L. 215m. — Au bas d'une petite éminence couronnée de quelques arbres, un troupeau de porcs, conduit par un porcher, semble chercher des truffes. A gauche, des arbres cachent l'horizon. A droite, deux troncs d'arbres & une palissade à moitié détruite. Un porc disparaît à moitié derrière la hauteur. Le ciel voilé de nuages légers est traversé par six oiseaux. 1845.

Premier état : Eau-forte pure. Un porc noir au premier plan; avec la signature C. J. sur l'avant-dernier porc. Deuxième état : Certaines duretés dans les terrains ont été enlevées; signature effacée. Troisième état : Le porc noir qui formait tache au premier plan a disparu. Travaux à la pointe & au burin dans le ciel & les terrains.

AA. 385. N. Coll.

86. Femme faisant rentrer des porcs dans une porcherie. — H. 114m. L. 151m. — A gauche, une cabane, dont la

porte est ouverte. Une femme, tenant un panier à son bras, fait rentrer quelques porcs. On ne voit plus que les deux derniers de la bande. Contre la porte, une écuelle & une cruche. Au delà de la cabane, une palissade, une auge, des troncs d'arbres & une poule. Dans le fond, vers la droite, des chaumières & par devant, une mare garnie de saules. Des oiseaux dans le ciel. Signé en haut, à droite : *Ch. Jacque. 1848.*

Premier état : Eau-forte pure. Deuxième état : Toute la planche a été reprise au burin, & notamment les terrains & le ciel, à peine indiqués dans le premier état. Roulette dans les terrains & le mur du toit à porcs.

AA. 375. N. Coll.

87. TROUPEAU DE PORCS SORTANT D'UN BOIS. — H. 110^{m}. L. 173^{m}. — Conduits par un jeune villageois qui, le bâton levé, dirige leur marche, des porcs sortent d'un bois dont on voit sur la gauche la lisière. Derrière eux, on aperçoit le haut d'un talus. Signé, en haut, à droite : *X^{bre}. Ch. Jacque. 1849.*

Premier état : Eau-forte pure. A certains endroits les contours ne sont pas indiqués. Le talus est resté en blanc. Deuxième état : Les contours mal indiqués ont été repris au burin & le talus a été fait en entier. Troisième état : Quelques traits horizontaux dans le ciel ; les terrains du premier plan entièrement faits & le ventre des porcs plus vigoureusement ombré.

AA. 380. N. Coll.

88. PORTE D'AUBERGE. — H. 125^{m}. L. 151^{m}. — Devant la porte d'une auberge, élevée de quelques marches au-dessus du sol de la rue, est un cavalier en blouse sur une selle rustique, tenant de sa main droite son chapeau & son fouet & portant de l'autre à sa bouche le verre qu'est venu lui apporter la fille. Au-dessus de la porte de l'auberge, une enseigne à laquelle pend un broc. Au bas de l'escalier, une cruche cassée. Au fond, à gauche, les chaumières d'un village & de-

vant elles, trois paysans & deux poules. Signé : *Ch. Jacque. 1849. Xbre.*

Premier état : Eau-forte pure. Deuxième état : Retouches dans la tête de la fille.

AA. 378. N. Coll.

89. Le repos. Paysage. — H. 98m. L. 178m. — On fait la moisson. Au fond, des meules & un char de blé sont vaguement esquissés. Au premier plan, à l'ombre de quelques arbres, une moissonneuse & son ami se reposent, tous deux pieds nus. Elle, assise au pied d'un arbre, a posé sa faucille devant elle & regarde si on vient. Lui, étendu à plat ventre, appuie sa tête sur sa main gauche. 1849. Signé : *Ch. Jacque.*

La planche, après une épreuve d'essai, a été remordue.

AA. 379. N. Coll.

90. Intérieur de cour. — H. 159m. L. 201m. — Dans une cour, près de la grande entrée à travers laquelle on aperçoit une pingaule, une chaumière, quelques arbres & des oiseaux, une fille fait la lessive dans un baquet. Près d'elle est arrêtée une enfant qui tient une cruche à anses. Au mur est suspendu une lanterne. Par terre, à droite, un seau, une terrine, un balai & un plat. De l'autre côté de la porte, un chaudron, un vase & une poutre. Signé, au-dessus de la porte : *Ch. Jacque. 1849. X.*

Premier état : Eau-forte pure. Deuxième état : Retouches dans les têtes.

AA. 384. N. Coll.

91. Porcs couchés. — H. 132m. L. 243m. — Quatre porcs sont étendus sur la paille, côte à côte, mais non dans le même sens. A gauche, par devant, un os; au fond, un baquet & un balai à terre. Cette planche est largement & sommairement traitée. Signé : *Ch. Jacque. 1850.*

Premier état : Eau-forte pure. Deuxième état : Le mur du fond a été en entier couvert de travaux de pointe verticaux & horizontaux & de roulette. Roulette & burin au premier plan. Le balai, le baquet & les porcs ont été achevés au burin.

AA. 290. N. Coll.

92. Troupeau de porcs. — H. 145^{m}. L. 226^{m}. — Dans une plaine où on ne voit que terre & ciel, un porcher surveille un nombreux troupeau qui cherche sa nourriture dans une herbe épaisse. Signé, en haut, à gauche : *Ch. Jacque. 1850.*

Premier état : Eau-forte pure. Le porcher s'appuie des deux mains sur son long bâton. Deuxième état : Traits horizontaux dans le ciel; travaux dans les terrains & dans la partie droite du troupeau. Le porcher est maintenant couvert d'un manteau &, élevant son bâton de sa main gauche, il paraît rassembler ses bêtes.

AA. 409. N. Coll.

93. Forgeron. — H. 134^{m}. L. 116^{m}. — Dans une forge où la porte ouverte laisse pénétrer la lumière, un ouvrier met un fer au feu. Au fond, on distingue une enclume & un lourd marteau, un seau; en l'air, le soufflet de forge. En avant, à gauche, au bas d'une auge, sont rangés à terre plusieurs outils & plusieurs vases. Contre la hotte de la cheminée, on voit une bouteille & un pot à eau. Signé, au bas, à droite : *1850. Ch. Jacque.*

Premier état : Eau-forte pure. Deuxième état : Travaux de roulette dans le sol; toute la planche reprise au burin & à la roulette & plus vigoureusement accentuée.

AA. 359. N. Coll.

94. Paysage. Soir. — H. 99^{m}. L. 184^{m}. — Sur une chaussée, bordée au fond par un bois & devant par une mare garnie de roseaux & peuplée de canards, s'avancent cinq vaches suivies de leur gardien. Dans le ciel, une bande d'oiseaux. Le paysage se remplit d'ombre; la nuit approche. Signé, en haut, à gauche : *Ch. Jacque. 1850.*

Premier état : Eau-forte pure. Deuxième état : Les ombres ont été foncées. Quelques traits nouveaux dans le ciel. Roulette dans le ciel, dans les terrains & dans la mare.

AA. 383. N. Coll.

95. JOUEURS DE CARTES. INTÉRIEUR. — H. 114m. L. 141m. — Dans une salle d'auberge, deux hommes, l'un assis sur un banc contre le mur, l'autre sur un escabeau, jouent aux cartes. Ils abattent leur jeu & comptent. Plus loin, devant la cheminée, dont on voit le manteau en biais, paraît le dos d'un troisième individu. Un chien est couché à terre. Des poutres du plafond pendent deux jambons. Au-dessus des joueurs, contre le mur, on voit une glace, un cadran & une boîte à allumettes. Au fond, à gauche, un seau à terre & une porte entr'ouverte. Signé : *Ch. Jacque. 1850.*

Premier état : Eau-forte pure. Un homme debout & tenant derrière lui avec ses mains un petit pot, regarde les joueurs. Deuxième état : L'homme debout a disparu ; toute la planche a été retouchée à la pointe sèche & au burin, & le fond passé à la roulette.

AA. 377. N. Coll.

96. LE RÉMOULEUR. — H. 112m. L. 88m. — Sous le toit avancé d'une maison, un rémouleur repasse un couteau en regardant une petite fille qui lui en apporte un autre ; à terre, devant lui, un baquet, un couperet & une meule. Au fond, à gauche, une chaumière & sur le seuil de sa porte ouverte sont arrêtées deux femmes. Au-dessus du toit de cette chaumière paraît un arbre. Signé : *Ch. Jacque. 1850.*

Premier état : Eau-forte pure. Deuxième état : Travaux de pointe sèche & de burin dans les ombres.

AA. 354. N. Coll.

97. VACHES A L'ABREUVOIR. — H. 209m. L. 275m. — A une mare, placée sur le versant d'une colline, vient boire un troupeau de huit vaches. Son gardien est assis au-dessus &, au sommet de l'escarpement, s'élèvent quelques arbres. Cette

vaste planche est très-largement traitée. Signé : *Ch. Jacque. 1850.*

Premier état : Une épreuve d'eau-forte pure. Deuxième état : Les terrains ont été achevés avec des traits obliques aux précédents ; les contours des vaches & des arbres plus fermement indiqués & de nouveaux nuages dans le ciel. L'eau a été reprise au burin. Des épreuves, en petit nombre, ont été tirées en bistre avec un ciel coloré. Troisième état : L'eau porte des marques de roulette.

AA. 287. N. Coll.

98. Moulins. Montmartre. — H. 61^{m}. L. 93^{m}. — Deux moulins, vus de profil, détachent sur le ciel la silhouette de leurs ailes. A gauche, on voit le sommet de quelques maisons & de quelques arbres, &, au-dessus, un vol d'oiseaux. A droite, le pignon aigu d'une maison apparaît au-dessus du sol. Signé : *Ch. Jacque. 1846. Montmartre.*

Premier état : Eau-forte pure. Effet de jour. Une épreuve de remarque colorée obtenue par l'encrage. Deuxième état : Effet de nuit obtenu au moyen du grès. Troisième état : Nuages dans le ciel éclairés par la lune.

99. Paysage. — H. 84^{m}. L. 119^{m}. — Sur le bord d'un bois touffu, un cheval est arrêté ; deux personnages détachent à droite sur un coin de ciel, une silhouette noire. La gauche de la planche est toute baignée d'ombre. 1846. Signé : *Ch. Jacque.*

Premier état : Eau-forte pure. Deuxième état : Roulette & burin dans les terrains à gauche, traits obliques sur la croupe du cheval. Une épreuve de remarque avec un effet de nuit obtenu par le tirage.

AA. 404. N. Coll.

100. Troupeau de porcs fuyant. — H. 82^{m}. L. 136^{m}. — Le titre indique suffisamment le sujet. Tous détalent au galop vers la droite. A gauche, le porcher avec son bâton court après son troupeau. Dans le lointain, on aperçoit, à gauche, un clocher. Sur le devant, une branche brisée. 1846. Signé : *Ch. Jacque.*

101. PAYSAGE. HIVER. — H. 103^{m}. L. 128^{m} $^{1}/_{2}$. — Sur le bord d'une mare s'élèvent sept ou huit grands arbres sans feuilles. Un bûcheron, avec son compagnon, est occupé à les abattre. Déjà trois arbres sont étendus à terre. Un quatrième, incliné vers la gauche, tombe. Ciel nuageux avec trois oiseaux. Signé : *1846. Ch. Jacque.*

Une épreuve a été tirée avant le numéro 22 près de la signature.

102. PORCS COUCHÉS. — H. 70^{m}. L. 100^{m}. — Deux cochons sont assis sur leurs pattes de derrière ; l'un d'eux, à gauche, se présente de dos ; l'autre, à droite, se montre de profil. A terre, de la paille. Signé : *Ch. Jacque. 1846.*

AA. 570. N. Coll.

103. PAYSAGE. CHARIOT ATTELÉ DE BOEUFS. — H. 74^{m}. L. 113^{m}. — Sur le bord d'une mare où baigne un tronc d'arbre, est arrêté un long chariot, attelé de deux bœufs & rempli d'énormes potirons. A droite, un paysan, suivi d'un enfant, apporte avec peine un potiron. A gauche, deux laboureurs s'éloignent ; à l'horizon, des arbres, & au-dessus, le soleil à demi caché par les nuages darde ses derniers rayons au milieu d'une nuée d'oiseaux. 1846. Signé : *Ch. Jacque.*

AA. 582.

104. PAYSAGE ET ANIMAUX. — H. 45^{m}. L. 76^{m}. — Le soleil se lève ; un troupeau de porcs part pour les champs suivi d'une femme qui porte sur la tête un panier plat chargé d'herbes & tient une petite fille à la main. Derrière elle, à gauche, parmi les troncs d'arbres, on aperçoit un toit de chaume. 1846. Signé : *Ch. J.*

105. PAYSAGE. MASURES. — H. 68^{m}. L. 99^{m}. — Plusieurs masures à toit irrégulier s'élèvent à mi-côte d'une colline toute couverte de pierres & de broussailles. A droite, deux

arbres ; au milieu, plusieurs personnages assis & un debout ; à gauche, deux enfants. De l'autre côté du vallon, on aperçoit un moulin, plusieurs maisons, des arbres & dans le ciel des oiseaux. Signé : *Ch. Jacque. 46.*

AA. 568. N. Coll.

106. LE BUISSON. PAYSAGE. — H. 64^{m}. L. 91^{m}. — Au premier plan, deux femmes, dont une assise. Derrière elles, sur la pente d'un coteau, court une palissade ; vers le milieu s'élève un buisson touffu. A droite, au bas du coteau, une maison dominée par des peupliers. Ciel couvert. Signé : *Ch. Jacque. 1846.*

AA. 565. N. Coll.

107. PAYSAGE. HIVER. — H. 64^{m}. L. 94^{m}. — Dans une clairière, au milieu d'un bois dépouillé par l'hiver, sont assis deux personnages. Par devant, un porc cherche sa nourriture & un tronc d'arbre gît à terre. 1846. Signé : *Ch. J. sc.*

AA. 567. N. Coll.

108. CABANES DE PÊCHEURS. — H. 57^{m}. L. 88^{m}. — Au premier plan, une cabane de planches s'élève au milieu de l'eau sur pilotis. On y entre par une échelle au pied de laquelle est attaché un bateau. Sous la cabane on voit dans l'ombre plusieurs personnes & au bord de l'eau un tonneau, puis une grande chaumière normande. Au fond, des falaises, un bateau sur sa quille, un cheval & des pêcheurs. 1846. Signé : *Ch. Jacque.*

AA. 573. N. Coll.

109. SCÈNES DE BUVEURS, D'APRÈS OSTADE. — H. 130^{m}. L. 169^{m}. — Sur une place de village, devant un cabaret, trois buveurs sont attablés en plein air. Au-dessus de la porte de l'auberge, deux ruches, plus haut un étage en surplomb &

des trous de pigeonnier. Sur le seuil, une femme avec un enfant. Près d'elle, un homme assis boit à même un broc. Devant eux, trois poules. Deux autres paysans, l'un assis, une pipe à la main, l'autre debout, tenant un broc, occupent le milieu de la scène & regardent à gauche deux joueurs de quille, dont l'un s'apprête à lancer la boule. Derrière les joueurs, un enfant avec un cerceau & un chien; derrière les buveurs, trois marmots. A droite, au-dessus du toit, des arbres. Dans le fond, on distingue plusieurs groupes de personnages, une voiture attelée, les maisons du village, des arbres, l'église avec son clocher. Signé (dans le ciel, à gauche) : *1846. Ch. Jacque sc.* (& dans le terrain) : *A. V. Ostade* (& au-dessous de la bordure) : *Gravé à l'eau-forte par Ch. Jacque, d'ap. un dessin d'Ostade. 1846. Février.*

110. Une bourrasque. Paysage. — H. 75^{m}. L. 115^{m}. — Trois hommes rentrent dans une hutte située sur une éminence & près de laquelle se dresse un poteau avec un écriteau. L'un d'eux porte des gerbes. Leurs vêtements sont enflés par l'ouragan. Au fond, un moulin, des arbres. Sur le devant, quelques marches, une auge, un baquet & un porc sur le bord d'une mare. Au ciel, une nuée d'oiseaux. 1846. Signé : *Ch. Jacque.*

AA. 407. N. Coll.

111. Paysage. Charrue attelée au repos. — H. 56^{m}. L. 115^{m}. — Deux chevaux, attelés à une charrue, se reposent. Leur maître est lui-même étendu à terre derrière sa charrue. Sur un fond élevé, on distingue, vers la droite, un cheval attelé à un tombereau, & à gauche, deux personnages. Fond montagneux. Signé : *Ch. Jacque. 1846.*

AA. 376. N. Coll.

112. Plaine Saint-Denis. — H. 70^{m}. L. 97^{m}. — Dans une

plaine à perte de vue, l'abbaye royale de Saint-Denis découpe sur le ciel les profils de sa vaste basilique & de son clocher tronqué. La plaine est toute couverte de moissons. A peine quelques buissons à droite, & au loin quelques moulins, vers la gauche. Au premier plan, deux femmes, l'une assise à terre. Signé : *Ch. Jacque. 1846.*

Cette planche a été faite sur la demande de M. Diaz; M. Jacque en avait gardé trois épreuves, en avait remis une à M. Diaz & une à M Campredon. La planche a été détruite après le tirage de ces cinq exemplaires.

113. Saules. Paysage. — H. 63^{m}. L. 107^{m}. — A droite, un étang, dans lequel une paysanne vient tremper ses jambes. Des saules touffus ombragent sa rive, un bateau plat est à moitié tiré à terre. A gauche, dans un pré, un cheval se promène près de deux femmes assises; plus loin, quelques bouquets d'arbres & des collines. Le ciel est traversé de plusieurs oiseaux. 1846.

AA 572.

114. Toit a porcs. — H. 81^{m}. 1/2. L. 125^{m}. — Devant un toit à porcs adossé à une chaumière, un porc, à gauche, mange dans une auge. Derrière lui, des arbres. Par devant, une mare & une poêle. A gauche, une fille de basse-cour apporte à manger aux volailles dans une large corbeille. Au fond, deux oies accourent en criant. 1846. Signé : *Ch. Jacque.*

AA. 571. N. Coll.

115. Paysage. — H. 67^{m}. L. 97^{m}. — Un petit garçon traverse une prairie avec sa mère en nous tournant le dos. A droite, une barrière qui dépasse la cime d'arbres éloignés. Au second plan, un bouquet d'arbres; par derrière, quelques autres arbres sur la gauche & des toits de chaume. 1846. Signé : *Ch. Jacque.*

AA. 579. N. Coll.

116. Paysage. Un anier. — H. 75^m. L. 112^m. — Sous un arbre quelconque, un Tityre moderne joue de la flûte. Au second plan, son âne, dont on ne voit que la moitié du corps, semble attentif à ces sons mélodieux. 1846.

Premier état : Eau-forte pure. Deuxième état : Traits de burin dans les terrains à droite &, à gauche, dans le ciel au-dessus de l'âne. L'arbre, & surtout l'animal, ont été repris à la pointe sèche.

AA. 581.

117. Paysage, personnages. — H. 80^m. L. 122^m. — Un paysan à longs cheveux, un bâton à la main, conduit par la bride un cheval dont le bât est garni de deux grands baquets. Ils vont traverser un pont dont le commencement seul est indiqué. Une femme les suit, chargée d'une pioche & d'un rateau. Par derrière accourt un gamin, un bâton sur l'épaule. Au premier plan, des roseaux; à droite, vers l'horizon, des arbres; deux oiseaux dans le ciel. 1846. Signé : *Ch. Jacque.*

AA. 406. N. Coll.

118. Moulins a Montmartre. — H. 105^m. L. 81^m. — A mi-côte d'une pente assez roide, deux moulins sont tournés vers la gauche. Entre eux, on distingue une maison. A leur gauche, un arbre encore jeune. Au fond passe un homme dans une charrette, derrière lui on voit un petit moulin sur une perche & plusieurs oiseaux dans le ciel. Signé : *Ch. Jacque. 1846.*

Premier état : Eau-forte pure. Deuxième état : Effet de crépuscule, au grès.

AA. 557.

119. Mendiant. — H. 97^m. L. 83^m. — Un mendiant, la tête couverte d'un chapeau, un bâton dans la main gauche, un panier au bras droit, s'avance vers la gauche en nous tour-

nant le dos. Derrière lui, une barrière & un petit arbre; à gauche, un fond d'arbres & des oiseaux au ciel. 1846.

AA. 556.

120. Buveurs. — H. 219^{m}. L. 176^{m}. — Dans une salle obscure sont réunis trois personnages. L'un, au fond, la pipe à la main, la tête nue, nous tourne le dos pour regarder par la fenêtre. Les deux autres sont assis sur un banc ; l'un se penche pour verser de la bière dans un verre posé à terre. L'autre rit en le regardant ; d'une main il tient sa pipe & de l'autre un pot à tabac. A terre sont un verre & une pipe. A droite, on distingue le bout d'une planche. 1846. Signé : *Ch. Jacque.*

Après les deux premières épreuves que M. Jacque a gardées, la planche a été complétement abîmée ; il n'y a donc eu que deux bonnes épreuves.

121. Buveur, d'après Ostade. — H. 77^{m}. L. 65^{m}. — Un homme, assis sur une chaise devant une table placée à gauche, nous regarde en élevant son verre. Sa main gauche prend une pipe sur la table. Signé : *A. V. Ostade. inv. Ch. Jacque sc. 1846.*

122. La mort jouant du violon. — H. 117^{m}. L. 87^{m}. — Un squelette, le crâne couvert de quelques cheveux épars, joue du violon devant un gros livre de musique ouvert. On ne voit cette fantaisie macabre qu'à mi-corps. 1846. Signé : *Ch. J.*

Cette planche doit être réunie à la collection des pseudo-Ribera, commencée en 1845. (Voir les numéros 53 à 56.)

123. Musiciens, d'après Ostade. — H. 120^{m}. L. 102^{m}. — Autour d'une table, sous une treille, trois Hollandais se livrent au plaisir de la musique. L'un, qui joue du violon & s'accompagne en chantant, se retourne pour nous regarder ;

un autre debout joue du fifre; le troisième écoute la bouche béante. Sur la table, une tabatière, une pipe & un pot de grès à anse. 1846. Signé (sous la treille) : *Ch. J. sc. A. V. Ostade pinx*[t].

124. Lisière de bois. — H. 76[m]. L. 115[m]. — Une route sur le bord d'un bois s'enfonce en tournant vers la gauche. A droite, au premier plan, trois ou quatre gros arbres dominent les taillis; au pied de l'un d'eux, un homme est assis. Ciel gris. Signé : *Ch. Jacque. 1846. X*[bre].

Premier état : Deux troncs d'arbre au milieu & plusieurs porcs n'ont pas mordu. Deuxième état : Les traits non mordus ont été effacés.

125. Les bords d'une rivière. — H. 84[m]. L. 149[m]. — Sous un ciel clair une rivière coule doucement vers la droite entre deux rives basses ornées d'arbres & de maisons. Quelques bateaux sur l'eau, d'autres amarrés au rivage. A gauche, près d'un bouquet d'arbres, devant une maison qui couronne la berge, une femme tenant un petit enfant. Signé : *Ch. Jacque. 1846.*

126. Moulin. — H. 42[m]. L. 66[m]. — Sur une éminence, derrière laquelle on voit surgir le toit de quelques maisons & la cime de plusieurs arbres, un moulin se présente obliquement, cachant presque entièrement les bâtiments & l'autre moulin que nous voyions sur le n° 118 qui représente sans doute le même endroit vu d'un autre côté. Signé : *Ch. J. 1846.*

Premier état : Eau-forte pure. Deuxième état : Traits horizontaux dans le ciel, les noirs ont été foncés; les fonds repris à la pointe sèche.

127. Portrait de Rembrandt. — H. 110[m]. L. 63[m]. — Le maître, de face, à mi-corps, assis dans un grand fauteuil, tient dans sa main une planche sur laquelle il promène une pointe. Sa tête est coiffée d'une sorte de bonnet, sa lèvre

surmontée d'une moustache légère; ses yeux regardent en face, pensifs & interrogateurs. 1846.

Gravé d'après une copie d'une eau-forte de Rembrandt; c'est la deuxième gravure de M. Jacque d'après une eau-forte. (Voir numéro 1.)

128. FUMEUR. — H. 88m. L. 70m. — Assis à droite sur un escabeau devant un mur en pleine lumière, un vieillard, un chapeau rabattu sur les yeux, tient d'une main un verre, de l'autre sa pipe. A terre, à côté de lui, un pot de grès. A gauche, une porte donne entrée dans une chambre obscure au fond de laquelle on distingue cependant une croisée. 1846. Signé : *Ch. Jacque.*

129. BUVEURS. — H. 86m. L. 89m. — H. de la planche avec l'inscription, 141m. L. 92m. — Deux buveurs attablés, l'un, de dos, assis sur un tonneau, tenant une pipe à la main, l'autre debout & de face, posant un broc sur la table, font boire une femme dont on ne distingue à droite que le haut du corps & la figure à moitié cachée par son verre. A gauche de la table, une chaise. 1846.

Dans une épreuve de remarque, sur une large place laissée en bas de la planche, on lit cette inscription :

Thelo ber cossôme
Alem molô biesi
Comone essia faume
Blui
Effolen faume
Subbaus parau
(Essano)
Ch. X.

Dans un moment de caprice, M. Jacque écrivit ces syllabes qui n'appartiennent à aucune langue. Ce qui n'a pas empêché un profond philologue de les commenter et d'en donner la traduction. Il nous a malheusement été impossible de nous procurer cette précieuse explication.

AA. 558.

130. TÊTE D'HOMME. — Diamètre. 31m. — Sur un fond som-

bre se détache le buste d'un homme aux cheveux longs, coiffé d'un chapeau conique à bords plats, vêtu d'une redingote boutonnée jusqu'au cou ; vrai portrait de conventionnel. 1846.

Gravé sur un sou qui est détruit. Il n'a été tiré qu'une épreuve.

131. UNE BICHE (d'après un bronze de Barye). — H. 51m. L. 91m. — Une biche est étendue, la tête à terre tournée vers la gauche. Au-dessus, on lit la signature bien connue : BARYE. 1846. Signé : *Ch. J.*

132. PORTRAIT DU PEINTRE COLLIGNON. — H. 56m. L. 41m. — La tête nue regarde de face. Au-dessous, la cravate & le col de la redingote sont seulement indiqués. 1846.

Il n'a été tiré de ce portrait, extrêmement ressemblant, qu'une seule épreuve. M. Jacque a détruit lui-même la planche.

133. UN TRUAND. — H. 130m. L. 100m. — Un routier, en costume du XVIIe siècle, est assis de face, appuyé contre une table placée à sa gauche. On ne le voit que jusqu'aux genoux. Il tient entre les mains une hallebarde à fer large. Sur la table, on aperçoit sa salade. 1846. Signé sur la table : *C. J.*

AA, 584. N. Coll.

134. MOULINS A MONTMARTRE. — H. 97m. L. 159m. — Voici revenir nos deux moulins des nos 118 & 126. Cette fois seulement leurs ailes se découpent de face sur le ciel brumeux. Une maison les sépare. Au premier plan, deux personnages & des porcs; à gauche, une palissade; à droite, au fond, des arbrisseaux. Signé, en haut, à gauche : *Ch. J. 1846.*

Premier état : Eau-forte pure. Deuxième état : Effet de brume au grès.

AA 575.

135. Lisière de bois. — H. 75^{m}. L. 125^{m}. — Sur la lisière d'un bois s'élèvent quelques chênes élevés & vers le fond un peuplier, au milieu de taillis touffus. A droite, une palissade, à moitié perdue dans la verdure, enclôt un verger. Ciel couvert. 1846.

136. Éplucheuse de légumes. — H. 111^{m}. L. 95^{m}. — Sur le devant, une fille de campagne très-décolletée est occupée à éplucher des légumes. Devant elle, à terre, le panier qui contient sa provision. Derrière elle, son manteau pend au mur; sur le sol un pot à anses; au fond, une cruche, un baquet, un tonneau; sur le tonneau, un chapeau & un chaudron; au-dessus, une lanterne; à gauche, une porte communique à une autre pièce. 1846.

AA. 564.

137. Enfant prodigue. — H. de la planche, 123^{m}. L. 111^{m}. — Vu à mi-corps, l'enfant prodigue n'a presque plus de vêtements pour se couvrir. Ses longs cheveux lui cachent la figure. Dans une de ses mains repliées sur sa poitrine il tient une écuelle. De son bras droit pend une draperie. 1846.

Cette eau-forte faisait partie de la collection des faux Ribera dont nous avons parlé plus haut.

Premier état : Eau-forte pure. Deuxième état : Les fonds & la draperie qui n'étaient qu'indiqués sont devenus presque noirs.

138. Une biche (d'après un bronze de Barye). — H. 84^{m}. L. 119^{m}. — Une biche est couchée à terre, la tête levée, tandis que celle du n° 131 appuyait sa tête contre terre. Celle-ci est tournée vers la droite. En haut, à gauche : Barye. 1846. Signé : *Ch. Jacque.*

139. Portrait de l'auteur. — H. 102^{m}. L. 86^{m}. — Une figure fine & rêveuse, ombragée d'abondants cheveux, penchée en avant, de fines moustaches & point de favoris, tel

est le portrait que M. Jacque a tracé de lui-même en 1846, c'est-à-dire quand il avait trente-trois ans. La planche ne renferme que la tête presque de face sur un fond de hachures & le haut du col. 1846.

140. FEMME NUE. — H. 82m. L. 62m. — Une femme nue, assise à terre au bord d'une source, le dos appuyé à un tronc d'arbre, s'incline pour se regarder dans le miroir de l'eau & arrange ses cheveux en repliant les bras au-dessus de sa tête. 1846. Signé : *Ch. Jacque.*

141. COUVERTURE D'UNE SUITE DE SIX SUJETS. — H. 68m. L. 79m. — Au milieu un homme conduit des porcs dans une plaine. Une nuée d'oiseaux passe dans le ciel. Au-dessus est écrit : SIX SUJETS A L'EAU-FORTE, &, au-dessous : PAR CH. JACQUE. 1849.

142. UN COIN DE LA FORÊT DE FONTAINEBLEAU. — H. 84m. L. 131m. — Sur le bord d'une clairière, une femme amène paître une vache. Au milieu, un arbre plus gros se détache de la masse. Le premier plan est entièrement vide. 1849. Signé : *Ch. Jacque.*

Premier état : Eau-forte pure. Deuxième état : Traits dans l'arbre du milieu, dans la partie la plus éclairée du feuillage; les fonds sombres de gauche ont reçu des lignes presque verticales. Le bord gauche, & surtout l'angle gauche, dans les terrains, ont été couverts de nouveaux travaux.

143. BUVEURS. — H. 86m. L. 73m ½. — Deux hommes sont assis devant une table rustique montée sur un pieu. L'un, de profil, allume sa pipe; l'autre, de face, le regarde. Sur la table, un broc & une tasse. A gauche, au fond, on voit une autre pièce. Signé : *Xbre 1849. Ch. Jacque.*

Premier état : L'eau-forte primitive très-pâle. Il n'en existe qu'une épreuve. Deuxième état : L'eau-forte a été remordue & a monté en ton. Quelques épreuves, en petit nombre, ont été tirées avant le numéro.

AA. 304.

144. PAYSAGE. ANIMAUX. — H. 68m. L. 85m. — Sous un bois de haute futaie, un troupeau de porcs se répand pour chercher sa nourriture. Deux porcs marchent en avant, suivis de leurs compagnons massés sur la droite. Dans le terrain, à gauche, on lit le nº (5) de la publication. 1849. Signé : *Ch. J.*

AA. 418.

145. UNE FEMME GARDANT DES COCHONS. — H. 62m. L. 85m. — A gauche, un mur à moitié caché par quelques arbres & aboutissant à une chaumière. Le fond est occupé par le pignon d'une autre chaumière. Par devant, une femme appuyée sur un bâton pousse deux cochons devant elle. 1849. Signé : *Ch. Jacque.*

AA. 419.

146. PAYSAGE. TROUPEAU DE VACHES. — H. 60m. L. 86m. — Un troupeau de vaches sort du bois; au milieu marche le vacher précédé de son chien & portant sous le bras une botte d'herbes. Un arbre droit & maigre se découpe sur le ciel clair du fond. 1849. Signé : *Ch. Jacque.*

Premier état : Eau-forte pure. Deuxième état : Traits de burin dans les terrains & sur le cou des trois vaches qui sont le plus à gauche. Troisième état : Un fond de bois entoure l'arbre qui se détachait isolé sur le ciel jusqu'à moitié de sa hauteur.

AA. 412. N. Coll.

147. UNE FEMME ET DEUX VACHES. — H. 67m. L. 90m. — Une femme, appuyée sur son bâton, sous un arbre peu élevé, attend deux vaches qui boivent à une mare occupant tout le premier plan. 1849. Signé : *Ch. Jacque.*

148. L'ATTELAGE (fable de Lachambaudie), (1 vol. in-8º, pu-

blié chez Michel, en 1851). — H. 252m. L. 160m. — C'est la fable douzième (page 189). Elle commence ainsi :

> A cette enfant si fraîche, si jolie,
> Oserez-vous, mon frère, unir vos soixante ans,
> Marier vos hivers à ses quinze printemps?
> Vous n'accomplirez pas cette insigne folie.

Ainsi parle au marié son frère, homme de bon conseil, on le voit. Le vieillard s'entête, quand un attelage vient à passer; deux bœufs, l'un maigre & faible, l'autre vigoureux & gras, sont assemblés au même joug. « Quel fou, dit le marié, a uni ces deux bêtes si mal faites pour aller ensemble? — Eh! n'est-ce pas cette cette folie que vous commettez vous-même en ce moment, profitez du conseil pendant qu'il en est temps. » Et la fable se termine :

> Le vieillard adopta cet avis salutaire
> Et jusqu'au dernier jour resta célibataire

Gravé sur acier. 1850. Signé : *Ch. Jacque.*

149. Paysage. Hiver. Lisière de forêt. — H. 231m. L. 170m. — Un chemin de lisière sépare une forêt de la plaine pour s'enfoncer ensuite sous les bois. A l'extrémité, on aperçoit le ciel. A gauche, sous de grands arbres sans feuilles, paissent deux vaches conduites par une femme. Signé : *Ch. Jacque. 1850*, & au-dessous du cadre : *Bornage de Barbizon, n° 461.*

Premier état : Eau-forte pure. Deuxième état : Tailles horizontales dans le ciel au-dessus du fond à droite & dans la percée sous le bois. Tailles obliques dans les terrains du premier plan, dans les taillis du fond; les grands arbres de gauche & les vaches ont été aussi repris au burin. Troisième état : Les vaches enlevées sont remplacées par une femme qui ramasse du bois. L'inscription inférieure a disparu.

AA. 367.

150. Une femme donnant a manger a des porcs. — H.

167^{m}. L. 146^{m}. — Autour d'une auge dans laquelle une fille de ferme verse leur nourriture, se pressent six porcs. Derrière la fille s'ouvre le toit à porcs adossé à une chaumière. A gauche, une palissade, un arbre; dans le fond, derrière un massif, une chaumière. Au premier plan, à côté d'un chaudron, picorent deux poules. 1850. Signé : *Ch. Jacque.*

Premier état : Eau-forte pure. Cet état est plus lumineux. Deuxième état : Toute la planche a été reprise à la pointe sèche & au burin. Travaux de roulette dans les terrains & sur les toits de chaume. Des épreuves tirées sur vieux papier, très-vigoureuses & harmonieuses en même temps, sont fort belles. Il a été également tiré sur vieux papier des épreuves des huit ou dix planches suivantes.

151. Paysage. Hiver. — H. 62^{m}. L. 83^{m}. — Sur le devant, à droite, s'étend une mare où boit une vache. Au milieu s'élève un gros arbre sans feuilles, & à gauche, un autre arbre incliné. Devant cet arbre paît une vache; au fond, à droite, on distingue d'autres animaux. Le ciel est clair. 1850. Signé, en haut, à gauche : *Ch. Jacque.*

AA. 417. N. Coll.

152. La rue de Barbizon. — H. 61^{m}. L. 83^{m} — Une rue de village, bordée à gauche de plusieurs maisons & à droite d'une chaumière, est traversée par un troupeau de moutons. Au fond, une place plantée d'arbres. Quelques arbres dépassent le toit des maisons. 1850.

153. Porcher. — H. 72^{m}. L. 63^{m}. — Assis contre une butte sur laquelle s'élèvent plusieurs troncs d'arbres, un porcher est accoudé contre un long bâton. A ses pieds paissent deux porcs. L'horizon s'étend au loin sur la droite. 1850. Signé : *Ch. Jacq.*

AA. 363.

154. Laveuse. — H. 101^{m}. L. 57^{m}. — Une paysanne, le ju-

pon retroussé & chaussée de sabots, lave du linge dans un baquet élevé sur une sorte de trépied à gauche. Le fond n'est pas indiqué. 1850. Signé : *Ch. Jacque.*

AA. 352. N. Coll.

155. PORTRAIT DE MA PETITE FILLE. — H. 83m. L. 62m. — Une jolie enfant, assise & tournée vers la gauche, tient dans ses mains une poupée sommairement indiquée. Les longs cheveux de l'enfant encadrent sa tête de leurs boucles. 1850. Signé : *Ch. Jacque.*

AA. 366. N. Coll.

156. UNE PORTE D'AUBERGE. — H. 80m. L. 133m. — Devant une porte d'auberge placée à gauche, sont entassés une brouette, des pieux, un banc, une large écuelle. Plus loin un valet d'écurie verse dans une auge l'avoine à deux chevaux sans harnais. Au delà, devant des maisons, des poules & une femme donnant la nourriture à des porcs. Au fond, un arbre & à droite, un chaume. 1850. Signé, en haut, à gauche : *Ch. Jacque.*

Premier état : Eau-forte. Deuxième état : Toute la planche, à très-peu d'exceptions, recouverte à la mécanique.

AA. 402. N. Coll.

157. PAYSAGE, D'APRÈS HOBBÉMA. — H. 123m. L. 166m. — Une route, traversée par un ruisseau, est animée par une voiture chargée de monde qui se prépare à passer le gué. En avant, au milieu, un chien qui boit, une femme qui porte un panier sur la tête & plusieurs autres figures. Au second plan, de l'autre côté de la route, un bouquet de hauts arbres. Au fond, des chaumières, des arbres, une place entourée de bornes. A gauche, une chaumière &, sur le bord de la route, deux hommes dont un assis. 1851. Signé : *Ch. Jacque sc.*

Premier état : Eau-forte pure. Deuxième état : Toute la planche a été reprise au burin; les terrains du premier plan, les personnages sont devenus plus vigoureux. Les nuages ont été achevés à la pointe sèche; dans le premier état, ils n'étaient qu'indiqués.

AA. 587.

158. Paysage, d'après Hobbéma. — H. 125m. L. 167m. — Sur le premier plan, à droite, un tronc d'arbre, une source au milieu de joncs, puis une route où se promène un habitant, la canne à la main; sur la même route, derrière lui, deux personnages causent avec une femme assise. Sur la gauche, une habitation rustique couverte de chaume est toute encadrée d'arbres; l'un de ces arbres, fort élevé, projette son ombre sur tout le premier plan. Au fond, la route s'enfonce dans un bois touffu où on distingue une seconde chaumière. Deux personnages traversent le tableau sur le second plan éclairé d'une vive lumière; à l'extrême droite, au fond, on voit une chaumière &, à côté d'elle, un étang entre les arbres. Plusieurs oiseaux dans un ciel traversé de nuages. 1851. Signé, en haut : *Ch. Jacque sc.*

Premier état : Eau-forte pure. Deuxième état : Planche remordue & reprise partout à la pointe sèche.

AA. 586.

159. Troupeau de vaches. — H. 122m. L. 190m. — Un troupeau de vaches très-sommairement indiquées descend une éminence & vient boire à une mare qui s'étale au premier plan. On voit apparaître au fond, à droite, le bâton & le haut du corps du vacher. Tracé à la plume. Gravé en janvier 1852. Signé : *Essai d'eau-forte à la plume. Ch. Jacque. 1859.* La planche a été détruite.

Premier état : Eau-forte pure, avant la signature. Deuxième état : Toute la planche, qui était très-claire, & notamment l'eau & le ciel qui n'avaient aucun travail, ont été repris à la pointe & couverts de roulette. Signature ajoutée.

160. Arbre renversé. — H. 215m. L. 211m. — Un tronc

d'arbre déraciné & sans feuilles gît à terre étendu vers la droite. A son pied sont indiquées quelques fougères. Signé : *Ch. Jacque. 1859.*

Il n'a été tiré que deux épreuves de cette étude.

161. La bergerie. — H. 300m. L. 450m. — Dans l'intérieur d'un réduit sombre, un berger apporte à ses moutons leur litière; il remplit un ratelier suspendu par des cordes aux poutres du plafond. Les moutons & leurs agneaux sont disséminés par toute la vaste pièce dans différentes positions; tout autour, des rateliers garnis de fourrage; deux fenêtres sur la droite éclairent la bergerie & frappent d'une vive lumière un gros mouton couché au milieu. A gauche, dans l'ombre, un coq & deux poules autour d'un vaste baquet plein d'eau. C'est la plus grande planche gravée par M. Jacque; elle atteint des dimensions rares dans l'eau-forte. 1859. Non signé.

Premier état : Eau-forte pure. Deuxième état : Planche reprise entièrement au burin & à la pointe sèche. — Plusieurs états intermédiaires insignifiants.

Après un tirage de 102 épreuves, y compris le bon à tirer, & de 27 épreuves d'essai, la planche a été détruite.

162. La souricière. — H. de la planche, 127m. L. 162m. — Trois souris sont prises dans une souricière dont un seul trou, celui de gauche, est resté vide. Gravé pour la *Gazette des Beaux-Arts*, où cette planche accompagne l'article de M. Ch. Blanc sur l'eau-forte & M. Jacque. Signé : *Ch. Jacque. 1860.* Au-dessous des souris on lit ce quatrain de M. Jacque :

Ce spectacle effrayant doit apprendre aux gloutons
A mettre en leurs plaisirs un peu plus de prudence,
A table comme au lit, au lit comme à la danse,
S'ils redoutent le sort de ces pauvres ratons.

Premier état : Avec la signature, sans les vers. Deuxième état : Avec les vers et au-dessous, à gauche : *Gazette des Beaux-Arts,* à droite : Impr. Delâtre.

163. Berger en train de traire une brebis. — H. 79m. L. 119m. — Deux brebis sont couchées à gauche dans un champ; derrière elles, une troisième debout est attachée pendant qu'un berger, en tablier, assis à droite, est occupé à la traire. Fond de ciel. 1860.

Il n'a été tiré de cette planche, obtenue par un procédé particulier essayé par M. Jacque, qu'une épreuve.

164. Poissons. — H. de la planche, 173m. L. 245m. — Quatre poissons de même espèce semblent nager dans le vide dans des positions variées. 1862.

Il n'a été tiré que deux exemplaires.

165. Dessous de bois; Noisy. — H. 158m. L. 229m. — Une route s'enfonce sous un bois feuillu dont les arbres inclinés forment une voûte de verdure, & au fond elle débouche sur une plaine. Sur cette route, à gauche, s'élève une hutte de cantonnier. 1862. Signé : *Ch. Jacque.*

Premier état : Eau-forte pure. Deuxième état : Roulette ajoutée par toute la planche.

166. Paysage, d'après un croquis attribué à Van der Neer. — H. 186m. L. 311m. — Le soleil se couche vers la droite derrière une chaumière qui occupe le milieu de la scène. Par devant, une femme conduit trois vaches boire à une rivière qui coule sur la gauche. Sur l'autre rive du cours d'eau on distingue une palissade, des chaumières & plusieurs arbres. Au premier plan, deux troncs d'arbres, une mare bordée d'arbres élevés &, à l'extrême droite, une autre mare derrière laquelle commence un petit bois. Ciel nuageux. Signé : *Ch. Jacque sc. 1862.*

Premier état : Eau-forte pure. Deuxième état : La planche est reprise à la pointe sèche & le ciel commencé. Troisième état : Tous les arbres repris à la pointe sèche & au burin ; un des grands arbres du premier plan, qui était sans feuilles, a reçu une couronne de feuillage. Quatrième état : Ciel entièrement terminé.

167. Moutons paissant. — H. de la planche, 111m. L. 144m. — Un mouton solitaire, tourné vers la droite, paît dans un pré. Au fond, à gauche, quelques arbres indiqués. Gravure au vernis mou. 1862. Signé : *Ch. J.*

Il n'a été tiré que deux épreuves de cette eau-forte.

168. Moutons au paturage. — H. 165m. L. 326m. — Une brebis suivie de trois petits s'avance vers la gauche en cherchant sa pâture ; à droite, un mouton détaché du groupe principal, s'arrête pour manger. Au premier plan de droite, une mare. Au fond, on discerne un talus sur lequel apparaissent des broussailles & des troncs d'arbres. 1862. Épreuve unique.

169. Tête de jeune garçon. — H. de la planche, 119m. L. 96m. — Un jeune garçon tourné vers la gauche présente de trois quarts sa figure intelligente, encadrée de longs cheveux ébouriffés. L'habit fermé au cou par un bouton n'est qu'indiqué. 1862.

Il n'a été tiré que deux épreuves de cette planche.

170. Portrait de l'auteur. — H. 105m. L. 90m. — Sur un fond noir se détache en clair la tête de l'auteur qui, le corps tourné vers la droite, regarde de face. Longs cheveux, verrue sur l'aile gauche du nez, moustache et barbiche au menton, tel est, en style de passe-port, le signalement du modèle. 1862.

171. Rentrée au village. — H. 102m. L. 169m. — Au milieu, un porcher, le bâton levé, presse un troupeau de porcs

qui regagne au galop le village dont on aperçoit au fond à droite, entre des massifs, les maisons & le clocher. A gauche, dans un massif, un arbre penché vers la droite &, au premier plan, une mare. Dans le ciel, au-dessus du clocher, une bande d'oiseaux. 1865. Signé, en haut, à droite : *Ch. Jacque.*

Tiré à deux exemplaires.

172. BRETONS. — H. 146m. L. 114m. — Trois Bretons causent debout au milieu des champs. L'un, le dos tourné & la tête couverte d'un vaste chapeau, porte les culottes larges & tient une pipe à la main, comme son compagnon placé de profil à sa gauche. Au fond, le troisième paysan de face a les mains dans la ceinture de son pantalon. A gauche, au fond, des arbres. Septembre 1864. Signé : *Ch. Jacque.*

Il n'existe que deux épreuves de cette eau-forte.

173. PAYSAGE ; UN ÉTANG. — H. 54m. L. 92m. — Un arbre aux vastes branches s'étend au milieu de ce paysage ; il est accosté à droite d'un buisson, à gauche, d'un autre arbre de son espèce, mais plus petit. Au premier plan, des terrains marécageux coupés de roseaux au-dessus desquels s'élève une bécassine. Quatre oiseaux dans un ciel nuageux. Décembre 1864. Signé : *Ch. J.*

Premier état : Eau-forte pure. Deuxième état : Roulette & travaux dans le ciel.

174. TROUPEAU DE VACHES. — H. 82m. L. 167m. — Un berger, qui paraît à gauche s'appuyant sur son bâton, pousse devant lui un troupeau de six vaches qui descend une pente inclinée vers la droite. Une bande d'oiseaux dans le ciel assombri par la tombée de la nuit. 1864.

Premier état : Eau-forte & roulette. Deuxième état : Tailles obliques en haut du ciel Beaucoup de roulette & de pointe sèche ajoutées partout.

175. Daphnis et Chloé. — H. 89^{m}. L. 145^{m}. — Vêtus à la moderne, les deux héros du roman antique s'avancent sous un bois assez clair, conduisant leur troupeau de moutons & suivis de leur fidèle lévrier noir. Daphnis, avec la blouse, le bâton et la panetière, se retourne à demi vers sa compagne & lui montre de la main un objet éloigné. Les fonds sont en plein soleil. 1864. Signé : *Ch. Jacque.* — Planche perdue.

Il n'existe de cette eau-forte que deux épreuves sur vergé & deux sur chine.

176. Vache paissant. — H. 55^{m}. L. 86^{m}. — Une vache s'avance de face en paissant ; une jeune villageoise la tient attachée avec une corde. Fond de bois vaguement indiqué ; à gauche, un arbre se détache plus nettement. Signé : *Ch. Jacque.*

AA. 374. N. Coll.

Les eaux-fortes qui suivent forment une collection dont la publication n'est pas encore terminée. La série de 1864, composée de vingt-quatre planches, est complète. Celle de 1865, qui doit comprendre le même nombre de sujets, plus une eau-forte donnée en prime aux souscripteurs, est en cours de publication. Quant à la troisième série, celle de 1866, elle n'est pas encore commencée.

COLLECTION PUBLIÉE EN 1864.

177. TIR A LA BÉCASSE. — H. 158ᵐ. L. 100ᵐ. — Sous une haute futaie, un chasseur, un genou appuyé sur une grosse pierre couverte de mousse, ajuste deux bécasses qui fuient en l'air à tire-d'aile. La gauche est occupée par deux gros troncs d'arbres, dont l'un tout chargé de lierre & de végétations. Un fouillis épais d'arbres élevés remplit le fond. En haut : Nº 1,2 f; en bas : Ch. Jacque sc. — Titre. — Sarazin imp. Paris.

Premier état : Planche non coupée. Eau-forte pure. Deuxième état : Pointe sèche non ébarbée dans le ciel. Planche coupée. Troisième état : Épreuves avant la lettre, ciel nettoyé, & épreuves avec la lettre.

178. PREMIÈRE LEÇON D'ÉQUITATION. — H. 113ᵐ 1/2. L. 158ᵐ. — Une brebis suivie de son agneau reçoit complaisamment sur son dos une petite fille soutenue par son frère & broute en même temps une touffe d'herbe que lui présente une autre enfant plus grande. A terre, sur la droite, gît le chapeau du jeune gars; derrière, une palissade &, au-dessus, des arbres. Au fond, une meule devant le pignon d'une maison; à gauche, quelques arbres. Signé : *Ch. Jacque.* En haut : Pl. 2,3. En bas : Ch. Jacque. — Titre. — Sarazin imp.

Premier état : Eau-forte pure. Deuxième état : Travaux à la pointe sèche & au burin. Troisième état : Le bonnet de la petite écuyère est devenu blanc. Épreuves avant & avec la lettre.

179. LE PRINTEMPS. — H. 162ᵐ. L. 116ᵐ. — Appuyée contre

une palissade, les mains derrière le dos, une jeune paysanne rêve en écoutant un jeune garçon qui, du doigt, montre à ses pieds une poule entourée de ses poussins. Contre la jeune fille se serre une petite enfant auprès de laquelle un chien aboie ; aux pieds du jeune homme, un panier avec une pioche. Un feuillage épais, percé de quelques rayons de soleil, plonge le groupe principal dans une mystérieuse demi-obscurité. Au fond, une route s'enfonce dans un bois. N° 3, 3 ; Ch. Jacque. — Titre. — Sarazin. Paris.

Premier état : Eau-forte pure ; très-claire. Deuxième état : Travaux sur toute la planche. Troisième état : La tête de la jeune fille refaite ; un tronc d'arbre indiqué au-dessus des têtes. Quatrième état : Changements dans la tête de la jeune fille. Avant & avec la lettre. De toute cette collection, il a été tiré des épreuves avant et avec la lettre du dernier état.

180. PASTORALE. — H. 133m. L. 104m. — Sous l'ombre d'un saule & de quelques autres arbres, une jeune paysanne assise sur un tertre de verdure se penche sur son coude, en écoutant les propos du jeune berger assis près d'elle & armé de la houlette. A leurs pieds, les brebis & les agneaux paissent tranquillement, tandis que le chien veille sur le troupeau en détachant sa silhouette sombre sur un fond d'arbres ensoleillés. Ch. Jacque pinxt sculpt. — Titre. — Imp. Sarazin. Paris.

Premier état : Eau-forte pure. Deuxième état : Retouches par toute la planche. Troisième état : Travaux dans les deux têtes. Quatrième état : Nouveaux travaux dans les têtes ; toute la planche a été retouchée.

181. LE REPOS. — H. 185m 1/2. L. 149m. — Dans une campagne accidentée, près de leur gardien assis à terre, sept vaches paissent à l'ombre de quelques grands arbres. A droite, au-dessus du vacher, un léger monticule ; au fond, des buissons & des arbres. Signé : *Ch. Jacque.* En haut : Pl. 5, 2. En bas : Ch. Jacque. — Titre. — Sarazin imp.

Premier état : Eau-forte pure ; au lieu du troupeau de vaches, des moutons sont arrêtés sur une route toute couverte d'herbe. Le berger est couché au second plan à droite. Deuxième état : La planche est reprise à la pointe sèche. Le berger est reporté à l'arrière-plan, sous les arbres avec son chien. Troisième état : Des vaches ont remplacé les moutons; au premier plan, le berger couché & son chien. Quatrième état : Le berger est assis; le chien a disparu. Cinquième état : Planche terminée dans la même disposition que le quatrième état.

182. Le labourage. — H. 155^m. L. 230^m. — Deux forts chevaux s'avancent vers la droite, tirant une charrue que soulève le laboureur. Le fouet est attaché à l'arrière de la charrue. Au fond, à droite, des arbres, &, à gauche, un champ de blé avec d'autres arbres. Quelques nuages au ciel. Signé : *Ch. Jacque*. En bas : Ch. Jacque pinx. & sc. — Titre. — Sarazin imp. Paris. 6.

Premier état : Eau-forte pure; le laboureur est sans bonnet; nombreux travaux de pointe non mordue. Deuxième état : Toutes les barbes ont disparu; un bonnet sur la tête de l'homme, & travaux de burin partout.

183. L'arrivée au champ. — H. 85^m. L. 199^m. — Des moutons débouchant de la droite se répandent dans la campagne. Le berger, arrêté, le menton appuyé sur son bâton & son chien derrière lui, les regarde passer. A droite, au second plan, des arbres; au milieu, un village & un clocher occupent le fond; à gauche, un moulin parmi des meules de foin. Ch. Jacque sc. — Titre. — Sarazin imp. Paris. — Pl. 7, 3.

Premier état : Eau-forte pure. Deuxième état : Travaux sur toute la planche & pointe sèche non ébarbée. Troisième état : La pointe sèche est ébarbée & tous les premiers plans ont été repris & couverts de travaux.

184. Pêche au vif. — H. 115^m. L. 182^m. — Un pêcheur est agenouillé à gauche sous un saule, très-attentif à deux lignes jetées dans une mare qui occupe la droite. Il tient l'une d'elles à la main, l'autre est auprès de lui sur une fourche, retenue par un crochet. Derrière lui, un panier à anse cou-

vert. Au fond, à droite, des arbres. Signé : *Ch. Jacque.* Au-dessous : Ch. Jacque. — Titre. — Sarazin imp. — N° 8, 2.

Premier état : Eau-forte pure. Deuxième état : Toute la planche est reprise à la pointe sèche.

185. L'ÉTÉ. — H. 130^{m}. L. 97^{m}. — Une fille de campagne, vêtue d'une robe qui laisse nues son épaule & sa jambe, est assise sur un tertre sous un arbre auprès d'une barrière grossière. Elle donne la becquée à un petit oiseau. De l'autre côté de la barrière, un berger en chapeau large, en manteau, est accoudé, parlant à la fille des champs. Son troupeau se répand sur une éminence séparée en deux par une clôture en planches en haut de laquelle se détache sur le ciel la silhouette du chien. En haut : N° 9; en bas : Ch. Jacque. — Titre. — Sarazin imp.

Premier état : Eau-forte pure. Deuxième état : Travaux de burin & de pointe sèche.

186. LE MATIN. — H. 90^{m}. L. 154^{m}. — Aux premières lueurs du matin, monté sur une de ses bêtes, un garçon de labour quitte le village avec ses deux chevaux. Un chien les précède en courant. A gauche, des maisons encore plongées dans une demi-obscurité; près d'elles on distingue un homme; à droite, d'autres maisons plus éloignées. Signé : *Ch. Jacque.* En haut : N° 10,2. En bas : Ch. Jacque. — Titre. — Sarazin imp.

Premier état : Eau-forte pure. Deuxième état : Le ciel est resté clair; la cheminée de la chaumière laisse échapper de la fumée; pointe sèche sur toute la planche. Troisième état : Tout est repris au burin & à la pointe; ciel coloré; la fumée est enlevée.

187. PETITS, PETITS!! — H. 116^{m}. L. 165^{m}. — Une planche est posée sur deux tonneaux; un petit garçon est assis au

milieu de la planche, les jambes pendantes, & en avant de lui une petite fille debout est accoudée sur le tonneau. Ils appellent un coq & quatre poules qui viennent prendre du pain jusque dans leur main. Une marmite devant le tonneau, à gauche; au fond, un mur. A droite, un tas de fumier sur lequel picorent d'autres poules, puis un arbre, des broussailles & un coin de ciel. Signé : *Ch. Jacque.* En haut : N° 11, 3. En bas : Ch. Jacque. — Titre. — Sarazin imp.

Premier état : Eau-forte pure. Deuxième état : Entièrement repris à la pointe sèche, au burin & à la roulette.

188. Paysage. — H. 125^{m}. L. 207^{m}. — Une grande route s'enfonce vers la gauche en tournant. Au bord du chemin, a droite, une femme assise travaille; son petit garçon, debout auprès d'elle, appuyé sur un bâton. Près d'eux, un mouton & une vache. Par derrière, un grand arbre, une haie & une chaumière entourée de buissons. Un peuplier s'élève au milieu du paysage; à gauche, quelques arbres, une femme au coude de la route & des champs. Une nuée d'oiseaux au ciel. Signé : *Ch. Jacque.* En haut : N° 12,2. En bas : Ch. Jacque. — Titre. — Sarazin imp.

Premier état : Eau-forte pure. Deuxième état : Repris au burin & à la pointe sèche.

189. Une ferme. — H. 133^{m}. L. 174^{m}. — Le long d'un mur que rompent deux pignons de maisons & un toit de chaume se presse un troupeau de moutons & de vaches, suivi d'un chien & d'un berger armé d'un bâton. Au fond, le long d'un autre mur surmonté de grands arbres, un vacher pousse une vache qui beugle. Sur le devant, quelques poules sont répandues sur un tas de fumier. A gauche, au-dessus du mur & des toits, quelques arbres. Des oiseaux dans le ciel. En bas : Ch. Jacque. — Titre. — Delâtre imp. N° 13,3.

Premier état : Eau-forte pure. Deuxième état : Travaux dans les terrains; l'ombre qui est dessous les moutons a été descendue. Troisième état : Nouveaux travaux de burin dans les terrains et sous les moutons.

190. PIFFERARIS. — H. 210^{m}. L. 150^{m}. — Trois pifferaris arrêtés sur une place en plein soleil jouent de la cornemuse & du biniou. Au fond, le long des maisons de la place largement indiquées, passent des promeneurs. Oiseaux au ciel. Signé : *Ch. Jacque.* En bas : Ch. Jacque. — Titre. — Delâtre imp. N° 14, 3.

Premier état : Eau-forte pure, planche non coupée, puis la planche coupée au même état. Deuxième état : Les têtes ont été entièrement reprises au burin & à la pointe sèche.

191. LA RENTRÉE. — H. 129^{m}. L. 193^{m}. — Des brebis suivies de leurs agneaux rentrent dans la bergerie dont la porte s'ouvre à gauche, surveillées par le berger appuyé contre la porte. Une poule qui s'était emparée du réduit s'envole au-dessus du troupeau. Derrière les moutons vient le chien de berger. Sur le mur du fond, un volet de fenêtre fermé. Signé : *Ch. Jacque.* En bas : Ch. Jacque. — Titre. — Delâtre imp. N° 15, 3.

Premier état : Eau-forte pure; planche non coupée, barbes. Deuxième état : Pointe sèche, burin partout & notamment dans le dos du berger; des trous noirs ont été ajoutés dans le mur.

192. PAYSAGE. — H. 168^{m}. L. 125^{m}. — Un bouquet d'arbres, au second plan, occupe toute la largeur de la planche. Au milieu, un saule &, par devant, deux vaches, dont une broute derrière quelques troncs d'arbres. Au premier plan dans l'ombre, une paysanne, étendue sur le ventre, se livre aux charmes du repos. Signé : *Ch. Jacque.* En bas : Ch. Jacque. — Titre. — Delâtre imp. N° 16, 2.

Premier état : Eau-forte pure. Deuxième état : Pointe sèche dans les terrains, travaux de burin dans la première vache.

193. Vaches hollandaises. — H. 109m. L. 181m. — Quatre vaches assez maigres forment un groupe au milieu de la planche. Une d'elles boit à une mare à droite. Deux autres, derrière elles, approchent. La dernière, couchée, leur tourne le dos & regarde la bergère assise par terre, à gauche. De ce côté, un bois occupe le second plan & va en s'éloignant vers la droite où l'on voit un large coin de ciel. Signé : *Ch. Jacque.* En bas : Ch. Jacque. — Titre. — Sarazin imp. N° 17, 2.

Premier état : Eau-forte pure. Deuxième état : Nombreuses retouches au burin.

194. Le repas. — H. 135m. L. 109m. — Dans la chambre d'une chaumière, un ouvrier portant encore le tablier de travail coupe à un pain rond un morceau pour son enfant qui lui tend la main. Devant lui une casserole est posée sur un tabouret ; auprès, le chien attend son tour. Par terre, un pot à anse, une large assiette, divers débris. Au fond, à droite, derrière un billot qui porte plusieurs pièces du ménage, la mère donne le sein à son dernier né. A sa droite, une porte à laquelle on monte par quelques marches ; à gauche, une veste & un chapeau pendus à un clou, un buffet, un garde-manger pendu au mur, au-dessus d'un saladier & plus loin, après une fenêtre, le lit & une chaise au pied de laquelle dort un autre chien. Signé : *Ch. Jacque.* En bas : Ch. Jacque. — Titre. — Sarazin imp. N° 18, 2.

Premier état : Eau-forte pure. Deuxième état : Travaux de burin & de pointe sèche sur toute la planche. Troisième état : De nouveaux travaux ajoutés ont rendu la planche plus moelleuse.

195. L'hiver. — H. 85m. L. 148m. — Au bord d'une mare qui occupe la droite, devant deux troncs d'arbres abattus, un jeune garçon assis de face sur un tertre, son bâton entre les jambes, se retourne pour regarder passer une fille qui,

au fond, conduit des vaches. Autour de lui des cochons cherchent leur pâture; un d'eux est étendu. Un bois commence à gauche au second plan. Deux oiseaux & une bande lointaine volent dans le ciel. Signé : *Ch. Jacque 1864.* En bas : Ch. Jacque. — Titre. — Sarazin imp. N° 19, 2.

Premier état : Eau-forte pure. Deuxième état : Pointe sèche ajoutée & tailles à l'horizon dans le ciel.

196. Les petites vachères. — H. 145m. L. 102m. — Près d'une fille étendue & appuyée sur le coude, agaçant des petits oiseaux dans un nid, une autre villageoise debout, les mains sur son bâton, regarde sa compagne. Entre elles & des arbres qui occupent le fond, passent des vaches. L'une de ces vaches découpe la silhouette de sa tête & de ses cornes sur le ciel peuplé de quelques oiseaux. En bas : Ch. Jacque. — Titre. — Sarazin imp. N° 20, 3.

Premier état : Pointe sèche non ébarbée dans les arbres. Deuxième état : Les barbes ont été enlevées & de la pointe sèche ajoutée.

197. Un coin de cour. — H. 129m. L. 104m. — Dans une cour, fermée de bâtiments assez irréguliers, une femme donne à sept poules & à un canard le grain qu'elle tient dans son tablier. Un petit enfant se presse contre elle avec un air câlin. Au-dessus du chaume, au fond, s'élève un arbre. Dans un angle de mur à gauche s'ouvrent les portes des poulaillers & contre le mur sont abandonnés un tréteau, un morceau de bois & un balai. Signé : *Ch. Jacque.* En bas : Ch. Jacque. — Titre. — Sarazin imp. N° 21, 3.

Premier état : Eau-forte pure; une seule épreuve. Deuxième état : Travaux de burin & de pointe sèche.

198. L'abreuvoir. — H. 115m. L. 171m. — Dans un étang qui s'étend à gauche vient boire un troupeau de vaches. Derrière elles, au milieu, s'élève un massif d'arbres & par de-

vant sur le versant de la rive est assis le petit vacher coiffé d'un chapeau de paille. Signé : *Ch. Jacque.* En bas : Ch. Jacque. — Titre. — Sarazin imp. N°. 22.

Premier état : Eau-forte pure. Deuxième état : Pointe sèche & burin sur toute la planche.

199. Le petit porcher. — H. 77^{m}. L. 147^{m}. — Un petit bonhomme, assis sur une butte ombragée de quelques arbres, les jambes croisées & les deux mains appuyées à un long bâton, regarde les porcs qui cherchent leur nourriture autour de lui. A ses pieds est étendu un de ses élèves. Le fond, à gauche, est noyé dans le vague. Signé : *Ch. Jacque.* En bas : Ch. Jacque. — Titre. — Sarazin imp. N° 22 bis, 2.

Premier état : Eau-forte pure. Deuxième état : Retouche générale au burin & à la pointe sèche.

200. Le chemin de halage. — H. 152^{m}. L. 124^{m}. — Sur un chemin de halage, bordé à droite par quelques arbres, à gauche par la rivière, deux forts chevaux s'avancent en tirant un bateau sur lequel on aperçoit un personnage. Le conducteur est assis sur l'un des chevaux, la tête tournée. La rive opposée de la rivière est toute couverte de bosquets touffus. Signé : *Ch. Jacque.* En bas : Ch. Jacque. — Titre. — Sarazin imp. N° 22, 3.

Premier état : Eau-forte pure. Deuxième état : Travaux de pointe sèche sur le bateau & les fonds. Troisième état : Les chevaux et les arbres aussi ont été repris à la pointe sèche.

201. Coq et poules. — H. 120^{m}. L. 172^{m}. — Dans un coin de basse-cour, près d'un tas de fumier, un coq se promène fièrement autour de ses épouses. A gauche, une écuelle ; au fond, au milieu, une poule couchée au sommet du tas de

fumier; à droite, derrière une poule noire qui picore, un balai & un seau vu à moitié. Signé : *Ch. Jacque.* En bas : Ch. Jacque. — Titre. — Sarazin imp. N° 24, 2.

Premier état : Eau-forte pure. Deuxième état : Retouches de pointe sèche & de roulette.

COLLECTION DE 1865.

202. LE MATIN DU PREMIER JOUR DE L'AN. — H 150m. L. 120m. — Devant une maison de paysans, une charrette arrive, amenant les parents & les amis. Une jeune fille les regarde du seuil de la porte. A côté, un jeune homme avec un carnier embrasse une autre jeune campagnarde. Une femme soulève un enfant dans ses mains pour l'embrasser. Un homme tient le cheval de la voiture pendant qu'une paysanne tend à un autre villageois les provisions des voyageurs. Un chien accourt à droite; des arbres dans le fond dominent le toit des chaumières. Signé : *Ch. Jacque.* En haut : Janvier. En bas : Ch. Jacque. Sarazin imp. — Titre. N° 25, 3.

Premier état : Eau-forte pure. Deuxième état : Travaux de burin & de pointe sèche. Troisième état : Travaux nouveaux; les deux jambes du jeune homme sont entièrement couvertes.

203. PÊCHE AU GARDON. — H. 119m. L. 188m. — Au bord d'un cours d'eau, sur la rive escarpée, un pêcheur est assis, son chapeau de paille sur la tête, tenant sa ligne de la main droite. A côté de lui est posé son panier; par derrière, un bouquet d'arbres masque l'horizon. A droite, sur la berge, un charretier passe, assis sur un des deux chevaux de halage qu'il conduit. Au ciel couvert de nuages, trois oiseaux. Signé : *Ch. Jacque.* En bas : Ch. Jacque. — Titre. — Sarazin imp. N° 26, 3.

Premier état : Eau-forte pure; un petit enfant couché sur le ventre, à la suite du pêcheur, tient une ligne attachée à un bâton; la ligne du pêcheur laissée en blanc. Deuxième état : Toute la planche reprise; l'enfant effacé & la ligne du pêcheur indiquée par un trait.

204. Bergerie. — H. 110m. L. 166m. — A gauche s'ouvre la porte de la bergerie; contre son mur, percé d'une petite fenêtre, une auge est adossée. En avant, deux poules. Les moutons vont rentrer poussés par leur berger, qui, en tête du troupeau, les excite de la voix & du geste. En avant, un chien surveille la rentrée. Par derrière, un mur au-dessus duquel apparaît un arbre & une bande de ciel. Signé : *Ch. Jacque*. En bas : Ch. Jacque. — Titre. — Sarazin imp.

Premier état : Eau-forte pure. Deuxième état : Travaux sur toute la planche & notamment la porte de la bergerie & le mur du fond.

205. L'Équipage. — H. 113m. L. 170m. — Devant un mur de clôture au milieu duquel une porte est ménagée un jeune garçon & une jeune fille traînent un petit chariot où se prélasse un bébé. Devant eux, un coq & deux poules se sauvent. Au fond à gauche, une palissade de planches, un chaume & des arbres. En bas : Ch. Jacque. — Titre. — Sarazin imp.

Premier état : Eau-forte pure. Deuxième état : Une moitié de la palissade qui touche au mur de clôture est enlevée; burin dans les terrains, le mur, traits horizontaux dans le ciel; roulette dans les ombres. Troisième état : Nouveaux travaux de burin dans les terrains.

206. Un verger. — H. 104m. L. 118m. — A l'ombre d'arbres touffus étagés sur une pente, un âne portant un bât s'est arrêté, tandis que son maître dort étendu devant lui à terre. Au coin de droite seulement on aperçoit un bout de ciel. En bas : Ch. Jacque inv. — Titre. — Salmon imp. N° 29, 2.

Premier état : Planche non coupée; à droite, un second massif d'arbres moins hauts est séparé du groupe principal par une bande de ciel; les arbres du milieu ont toute leur hauteur. Une branche dépasse l'arbre de droite, se découpant sur le ciel presque blanc. Épreuve unique. Deuxième état : Toute la partie gauche de la planche, comprenant le ciel & le second bouquet, est coupée; des nuages ajoutés dans le ciel à droite; la branche de droite est enlevée. Travaux de roulette ajoutés. Troisième état : Tout le ciel noirci à la pointe sèche. Quatrième état : Le haut de la planche coupé, le ciel & la cîme des arbres ont disparu.

207. Une cour a Paris en 1865. — H. 174m. L. 116m. — Un bâtiment s'élève à gauche soutenu par un éperon; derrière l'éperon s'ouvre une porte surmontée d'un auvent & formant un angle droit avec un autre corps de logis qui nous montre ses deux fenêtres de face. Dans l'angle, une tourelle présente une saillie rectangulaire. Une femme entre dans la maison; deux autres femmes regardent par les croisées. Un charretier apporte un seau d'eau à deux forts percherons arrêtés dans la cour; un petit garçon passe sa main sur leur croupe. En avant, des bottes de paille, un coq & quatre poules. En bas : Ch. Jacque inv. — Titre. — Salmon imp.

Premier état : Toute la partie du mur éclairée & les terrains sont très-pâles. Deuxième état : Le bâtiment de gauche & les terrians sont repris à la pointe sèche.

208. La maréchalerie. — H. 128m. L. 193m. — Dans un intérieur de forge très-sombre, deux maréchaux posent le fer sur la corne fumante d'un cheval attaché au mur à droite. Un autre, derrière lui, attend son tour. Au fond, une échelle, des planches, un soufflet de forge sous lequel travaillent deux autres ouvriers; à leur droite & en avant, deux enclumes inoccupées. Deux poules se promènent dans l'ombre au premier plan. A gauche, sous une fenêtre qui éclaire le réduit, des établis & des étaux. Signé : *Ch. Jacque*. En bas : Ch. Jacque. — Titre. — Delâtre imp. No 31.

Premier état : Eau-forte pure; un cheval noir, vu de croupe, est attaché à la droite du cheval que l'on ferre. Deuxième état : Toute la planche est reprise à la pointe sèche & au burin. Troisième état : Travaux ajoutés dans la fumée & les hommes occupés à ferrer. Quatrième état : Le cheval noir de droite a disparu.

209. Une habitation rustique. — H. 141^{m}. L. 126^{m}. — Une maison occupe la droite. Sur le perron de l'entrée auquel conduisent deux ou trois degrés, une femme porte un enfant & une autre tend un objet à une petite fille arrêtée au-dessous d'elle. Une autre femme au premier plan apporte une cruche pleine. A côté d'elle, quatre poules, & par derrière, un tonneau, des fagots entassés, & au-dessus, des arbres. A gauche, une petite cabane, deux perches, & en avant, un coq. Signé : *Ch. Jacque.* En bas : Ch. Jacque. — Titre. — Delâtre imp. N° 32, 2.

Une épreuve a été tirée avant la planche coupée.

210. Le retour des champs. — H. 116^{m}. L. 178^{m}. — Les laboureurs reviennent au village qu'on aperçoit dans le fond à gauche. En tête marchent quelques moutons escortés d'un chien, puis une femme qui conduit deux vaches & les frappe de son bâton. Ensuite un homme, un fouet à la main, monté sur un gros cheval qui traîne un rouleau, cause avec un homme à pied chargé de ses outils. A l'extrême droite, un bouquet de trois arbres. Signé : *Ch. Jacque.* Au-dessous : Ch. Jacque inv. & sc. — Titre. — Delâtre imp. N° 33, 3.

Premier état : Eau-forte pure. Deuxième état : Toute la planche est reprise à la pointe sèche. Le ciel est foncé dans le coin gauche. Travaux de burin & de roulette dans les feuilles des arbres à droite. Troisième état : Nouveaux travaux dans le ciel & sur tous les terrains. Traits obliques de burin sur la signature. Quatrième état : Un trou blanc dans les feuilles des arbres a disparu.

211. La gardeuse de dindons. — H. 219^{m}. L. 148^{m}. — Une jeune paysanne appuyée à gauche sur un long bâton, le dos contre un arbre, surveille plusieurs dindons qui cherchent à droite leur nourriture à terre. Fond d'arbres. Deux oiseaux en haut du ciel. Signé : *Ch. Jacque.* En bas : Ch. Jacque inv. & sc. — Titre. — Delâtre imp. N° 34, 3.

Premier état : Eau-forte pure. Deuxième état : Le dos d'un dindon qui est au fond a été blanchi. Les arbres du fond ont été baissés de ton & les arbres de gauche noircis.

212. CHAUMIÈRES BOURGUIGNONNES. — H. 110m. L. 272m. — Devant des chaumières entourées de haies & d'arbres occupant tout le fond de la planche, sont groupées trois paysannes, l'une d'elles étendue sur le ventre écoute les autres qui devisent en travaillant. Trois cochons à droite sont arrêtés devant une palissade; à côté d'eux, une poule picore. Une mare s'étale au premier plan. Trois oiseaux traversent le ciel. Gravé en 1866. Signé : *Ch. Jacque.* En bas : Ch. Jacque. — Titre. — Imp. Delâtre. Paris. N° 35, 3.

212 bis. L'ORAGE. — Prime de 1865. — H. 213m. L. 343m. — Un paysan rentre au village, se dirigeant vers la gauche; cinq moutons le précèdent; à côté de lui marchent deux vaches & un taureau dont les yeux sont couverts par une planchette de bois. Il tient sous son bras un fagot. Un chien le rejoint en courant. A droite s'étend une mare; le ciel est couvert; mais les derniers rayons du soleil éclairent au fond d'une vive lumière les arbres & les chaumières. La fumée d'une cheminée s'enlève en blanc sur un ciel noir. 1866. Signé : *Ch. Jacque.* En bas : Ch. Jacque. — Titre. — Imp. Delâtre. Paris.

Premier état : Eau-forte pure. Deuxième état : Travaux de pointe sèche dans le coin gauche du ciel. Troisième état : Le ciel entier est noirci à la pointe sèche & au burin. Travaux de burin, de pointe sèche & de roulette dans les moutons, les terrains, les jambes du paysan & la tête de la vache blanche. Quatrième état : Toute la planche a été foncée à la pointe sèche & au burin, sauf le fond de gauche. Traits obliques dans le ciel pour figurer la pluie. Quelques nuages blancs ajoutés au brunissoir. Dans le coin à droite, la remarque : Janvier 1866, a été ajoutée. Cinquième état : La remarque a été effacée; les nuages blancs du ciel un peu colorés pour les mettre dans l'harmonie générale.

Série B.

POINTES SÈCHES.

213. La petite forge. — H. 57m. L. 48m. — Dans un atelier de forgeron où deux ouvriers travaillent, entourés de leurs outils, un jeune mendiant se présente, le chapeau à la main, portant une grosse boîte pendue au côté. 1843. Signé : *Ch. Jacque.*

Premier état : Pointe sèche non ébarbée. Deuxième état : Travaux ajoutés dans l'enclume & la chevelure du mendiant. Troisième état : Planche ébarbée. Quatrième état : Roulette ébarbée.

214. Le vieux marchand. — H. 89m. L. 64m. — Assis contre une borne, sa béquille à son côté, un vieux marchand, la tête couverte d'un haut chapeau à poil, est tourné vers la gauche. Il porte sur ses genoux un éventaire chargé de flacons & de verres. Au fond, un petit bonhomme se rapproche tenant une cruche sous le bras. Signé dans un volet, au coin à gauche : *Ch. Jacque 1843.*

Premier état : Épreuve largement dessinée avec les barbes. Deuxième état : Tout est repris; toutes les lumières & le mur du fond couverts de travaux légers; les barbes sont enlevées.

215. La petite baigneuse. — H. 39m. L. 37m. — Une femme nue sort de l'eau en se tournant vers la gauche. Le corps s'en-

lève en lumière sur un paysage très-sombre. Signé : *C. J.*, dans le ciel. 1843.

Il n'a été tiré qu'une bonne épreuve & au plus cinq exemplaires.

216. MOINE EN PRIÈRE. — H. 97m. L. 84m. — Dans une grotte obscure éclairée par une petite fenêtre, le dos tourné à un oratoire, un moine assis semble méditer. Un autre religieux passe dans le fond. Signé : *Ch. Jacque 1843*.

Premier état : Pointe sèche non ébarbée. Deuxième état : La planche ébarbée est couverte de roulette. Épreuve unique. — La planche a été ensuite abîmée.

217. TÊTE D'HOMME ; EFFET DE LUMIÈRE. — H. 72m. L. 67m. — Derrière une lumière qui l'éclaire faiblement, un homme, en vieux costume, lit attentivement un livre. Cette planche est uniquement faite à la roulette & ébarbée.

Il n'en a été tiré qu'une épreuve d'essai.

218. BUVEURS. — H. 60m. L. 47m. — Deux buveurs sont attablés en avant, tandis qu'au fond, dans l'obscurité, on devine deux couples qui s'embrassent étroitement. 1843.

Premier état : Pointe sèche pure & non ébarbée. Signé : *Ch. Jacque*. Deuxième état : Planche ébarbée, reprise à la pointe sèche & à la roulette.

N. Coll. Cette planche, publiée dans la réédition des anciennes eaux-fortes, ne figure pas dans le catalogue de l'Alliance des arts.

219. VIEILLARD EN PRIÈRE. — H. 67m. L. 52m. — Devant une table chargée d'un crucifix, d'une lampe, d'une tête de mort & d'un livre ouvert, un vieillard chauve à longue barbe, assis & accoudé à la table, est plongé dans la méditation.

Premier état : Signé : *Ch. Jacque inv. & sc.* au-dessous de la gravure. Deuxième état : Signature enlevée ; n° 10 imprimé au coin à droite.

AA. 370.

220. LES FAUX-MONNAYEURS. — H. 160m. L. 160m. — Autour d'un fourneau surmonté d'un creuset, deux faux-monnayeurs sont occupés, l'un à souffler dans un chalumeau, & l'autre, agenouillé à droite, à activer le feu du fourneau. Au premier plan, divers outils, & au fond, une presse. Planche non ébarbée.

Tiré à 20 épreuves environ. 1843.

221. LA REPASSEUSE. — H. 74m. L. 63m. — Une femme, vue de dos, repasse sur une table qui est devant elle. Signé en haut à chaque coin : *Ch. Jacque,* à gauche avec la date : *1843*. Planche non ébarbée.

222. FORGE. — H. 123m. L. 89m. — Deux hommes en avant travaillent à une enclume ; un autre apparaît au fond occupé à la forge dont on distingue en l'air le soufflet. — Roulette ébarbée. 1843.

Tiré à très-peu d'épreuves.

223. UNE FEMME ET DES ENFANTS. — H. 48m. L. 33m. — Assise au pied d'une muraille flanquée d'une tour & entourée d'un fossé, une femme tient un enfant sur ses genoux ; deux autres sont auprès d'elle. 1843.

Premier état : Pointe sèche non ébarbée, probablement unique.
Deuxième état : Planche ébarbée.

224. CHIFFONNIER. — H. 18m. L. 12m. — Appuyé sur son bâton & la hotte contre un mur, un chiffonnier se repose dans la rue. Un autre personnage paraît confusément auprès de lui. Pointe sèche non ébarbée. 1843.

225. ENFANT ASSIS. — H. 37m. L. 35m. — Assis par terre, un enfant coiffé d'un bonnet joue avec un bâton. Planche non ébarbée. Signé : *Ch. Jacque. 1843.*

226. ALCHIMISTE. — H. 82^m. L. 71^m. — Assis sur un escabeau, un homme souffle le feu à un fourneau placé à gauche & surmonté d'une marmite. Planche non ébarbée. 1843.

Tiré à 4 épreuves.

227. ROGER-BONTEMPS. — H. 91^m. L. 76^m. — Coiffé d'un large chapeau, avec des grègues toutes déguenillées, un buveur en goguette se démène en chantant. Il élève une bouteille & un verre qu'il tient dans les mains. Planche non ébarbée. Signé : *Ch. Jacque. 1843.* — D'après Antonin Richard.

Tiré à 10 exemplaires.

228. LA MARCHANDE DE FRITURE. — H. 20^m. L. 18^m. — Deux hommes, l'un coiffé d'un chapeau pointu, causent avec une femme assise a droite qui souffle le feu d'un fourneau. Planche non ébarbée. 1843.

229. LA FRUITIÈRE. — H. 44^m. L. 34^m. — Dans une chambre éclairée par une fenêtre sont réunies la marchande entourée de légumes & une vieille acheteuse placée en avant. Sur le devant, un potiron entamé.

Tiré à 4 épreuves dont une seule bonne; la planche a été détruite. 1843.

230. MOINE EN PRIÈRE. — H. 28^m. L. 22^m. — Un moine, le capuchon sur la tête, est agenouillé dans une grotte. 1843. Signé : *C. J.*

Premier état : Non ébarbé. Très-rare. Deuxième état : La planche est reprise, puis ébarbée.

231. TÊTE D'HOMME. — H. 20^m. L. 21^m. — Une tête d'homme à moustaches, barbiche & longs cheveux est couverte d'un haut chapeau à larges bords. Très-rare. 1843.

232. Buveurs. — H. 67m. L. 67m. — Trois buveurs très-librement dessinés, deux assis & le troisième debout, trinquent ensemble. Signé : *Ch. Jacque. 44.* Pl. non ébarbée.

Tiré à 20 exemplaires.

233. Mendiants. — H. 84m. L. 71m. — Une vieille femme appuyée sur un bâton s'avance vers la droite, donnant la main à un petit garçon coiffé d'un vieux bonnet & portant un paquet au bout d'un bâton qui repose sur son épaule. Signé : *Ch. Jacque. 1843.*

Tiré à 20 exemplaires.

234. Buveurs. — H. 22m. L. 26m. — Quatre buveurs entourent une table dans différentes positions; trois sont debout, l'un assis par devant tourne le dos. A gauche, au fond, une poutre monte jusqu'au plafond. 1843.

Tiré à 10 épreuves.

235. Savonneuse. — H. 19m. L. 30m. — Une femme tournée vers la gauche lave du linge dans un baquet posé sur un trépied. A sa gauche, une autre femme debout. Au plafond sont suspendus des linges. A droite, une porte, & par devant, un baquet. 1843.

Cette épreuve est probablement unique.

236. Paysage. — H. 39m. L. 50m. — Deux bouquets d'arbres, parmi lesquels on reconnaît des peupliers, occupent le fond. Par devant coule une rivière, & sur ses bords, deux promeneurs. 1843. Signé : *Ch. J.*

Tiré à 20 exemplaires.

237. Paysage. Chaumières. — H. 105m. L. 210m. — Des chaumières rustiques s'étendent auprès d'un petit ruisseau traversé par un pont, où barbotent des canards. Des porcs

viennent y boire. Une femme passe devant la chaumière. Au fond, à droite, le bout d'une pingaule se dessine sur le ciel. A gauche, au premier plan, une roue montée sur une gaule sert de perchoir aérien à des dindons. Ciel coloré. Signé : *1844. Ch. Jacque.*

Planche tirée à 60 exemplaires.

238. PAYSAGE. SAULES. — H. 69^{m}. L. 117^{m}. — Un saule vigoureux occupe le milieu du premier plan. Au fond, à gauche, deux autres arbres sans feuilles & presque sans branches ; à droite, on aperçoit un personnage & des animaux. 1844. Signé : *Ch. Jacque.*

Tiré à 20 exemplaires.

239. PAYSAGE. — H. 69^{m}. L. 117^{m}. — Dans une campagne aride & montagneuse, un saule s'élève solitaire ; deux personnages sont assis vers la gauche. Au premier plan s'étale un lac. Signé : *Ch. Jacque. 1843.*

Tiré à 15 exemplaires.

240. PAYSAGE. — H. 24^{m}. L. 72^{m}. — Une chaumière apparaît au milieu des arbres ; la planche est très-montée de ton & presque toute noire. 1844.

Tiré à 20 exemplaires.

241. BUVEURS. — H. 22^{m}. L. 40^{m}. — Une femme devant une cheminée à gauche est occupée à laver. A droite, des buveurs attablés dans une demi-obscurité. 1844. Essai de pointe sèche sur acier.

Épreuve unique.

242. PAYSAGE. — H. 70^{m}. L. 94^{m}. — Une rigole en planches amène un ruisseau sur le milieu du premier plan. A droite,

des arbres ; à gauche, un vacher couché & deux vaches dont une boit. Signé : *1843. Ch. Jacque.*

Tiré à 20 exemplaires.

Premier état : Pointe sèche non ébarbée. Deuxième état : Travaux de pointe sèche dans les arbres, les terrains & un peu partout.

243. LA NOURRICE. — H. 54^{m}. L. 71^{m}. — A côté d'une porte qui s'ouvre à gauche, une nourrice portant son nourrisson est assise sur un banc ; à côté d'elle, deux baquets. Au-dessus, une fenêtre dont le volet est ouvert. 1843.

Tiré à 25 exemplaires.

AA. 415.

244. PAYSAGE. CHAUMIÈRE. — H. 99^{m}. L. 227^{m}. — Une chaumière rustique occupe toute la largeur de la planche au second plan. Par devant, au milieu des arbres & dans un désordre pittoresque, on remarque un porc, un pommier étayé, une auge, une pingaule & un puits auquel une femme vient puiser, un enfant, quelques bestiaux accompagnés de leurs gardiens. Signé : *Ch. Jacque. 1843.*

Tiré à 3 exemplaires ; fait d'après un croquis pris aux environs d'Anvers.

245. PAYSAGE. CHAUMIÈRE. — H. 46^{m}. L. 95^{m}. — Une chaumière, largement indiquée, présente son pignon de face ; la cheminée fume. En avant, un petit personnage ; à gauche, des arbres ; à droite, une rivière. 1843.

246. PAYSAGE. — H. 64^{m}. L. 70^{m}. — Au premier plan, à droite, une mare entourée de roseaux. Plus loin commence un bois qui s'enfonce sur la gauche & devant lequel passe un tombereau à quatre chevaux. Plusieurs toits de chaume paraissent derrière le tombereau ; des oiseaux dans le ciel. 1843.

Tiré à 15 exemplaires.

247. Femme couchée. — H. 8^m. L. 15^m. — Une femme couchée au premier plan se détache en clair sur un fond sombre. Un homme est assis à gauche. 1844.

Tiré à 60 exemplaires.

248. Le cavalier. — H. 71^m. L. 128^m. — Un homme à cheval chemine la nuit escorté d'un piéton qui porte une lanterne. Derrière eux, on distingue des arbres & une barrière. 1848.

Tiré à 20 exemplaires.

249. Paysage; orage. — H. 162^m. L. 211^m. — Le ciel est traversé par une pluie d'orage fouettée par le vent; des arbres & des taillis occupent le fond; en avant, un cheval est arrêté au bord d'une mare qui tient tout le premier plan. A gauche gisent deux troncs d'arbres abattus. 1848.

Tiré à 6 exemplaires sur une planche de daguerréotype.

250. Paysage. Moulin. — H. 107^m. L. 165^m. — Un moulin sur la gauche, les ailes éployées, est éclairé par la lune; le milieu de la planche est vide. Un massif d'arbres occupe la droite. 1848.

Épreuve unique.

251. Un cochon a l'auge. — H. 75^m. L. 106^m. — Devant un toit à porcs dont la porte est ouverte, un cochon est fort occupé à prendre son repas dans son auge. En avant, une écuelle vide. 1848.

Tiré à 15 exemplaires.

252. La forge. — H. 71^m. L. 86^m. — A droite, deux ouvriers sont occupés à rougir un fer à la forge; de l'autre côté, un ouvrier debout, adossé au mur, fume sa pipe. Au milieu, l'en-

clume entourée d'outils & un baquet. Au fond, on distingue une fenêtre. 1848.

Tiré à 15 exemplaires.

253. Tête d'homme. — H. 42^{m}. L. 39^{m}. — Tourné de trois quarts vers la gauche, le personnage porte barbiche & moustaches; sa tête nue est couverte de longs cheveux; elle est inscrite dans un cercle entouré de deux cadres au trait. 1848.

254. L'auberge. — H. 112^{m}. L. 137^{m}. — L'auberge, coupée à droite par le bord de la planche, se détache en noir sur un fond clair. Devant sa porte sont arrêtés deux chevaux derrière lesquels une femme tient une espèce de fouet. En avant de l'auberge, on distingue deux hommes qui dînent en plein air. 1848. Signé : *Ch. Jacque.*

Tiré à 20 exemplaires.

Premier état : La planche, plus large à droite & en bas, atteint 157 millim. de hauteur & 233 millim. de largeur; en avant, sur la droite, un groupe de dîneurs est éclairé par une chandelle. Deuxième état : La planche est coupée & une partie des dîneurs a ainsi disparu ; tous les noirs ont été foncés.

255. Village au bord de l'eau. — H. 100^{m}. L. 131^{m}. — Derrière une rivière qui occupe toute la largeur du premier plan, on aperçoit la berge, puis un mur soutenu par des éperons au-dessus duquel s'élèvent plusieurs chaumes, le clocher de l'église & un moulin avec son toit pointu & ses ailes. Au fond, à droite, trois autres moulins. 1848.

Tiré à 50 exemplaires.

Premier état : Planche tirée naturellement. Deuxième état : Travaux de roulette dans l'eau & les terrains à gauche & des nuages blancs ajoutés au brunissoir au-dessus des toits. Des épreuves intermédiaires ont été obtenues par l'encrage.

256. Forge. — H. 132^{m}. L. 113^{m}. — Un ouvrier travaille à

une forge, à droite, sous une hotte; sous la forge on voit une auge, un balai, un seau. Un autre ouvrier, derrière une enclume, au milieu de la forge, se penche pour tremper un morceau de fer dans un seau d'eau. En avant, deux marteaux; à gauche, des planches forment une sorte de cloison. 1848.

Tiré à 20 épreuves.

Premier état : Le motif est indiqué seulement au trait. Le fond noir & la palissade seuls sont terminés. Au devant de l'enclume il n'y a qu'un marteau. Deuxième état : Les murs de la forge & tout le fond sont repris à la roulette. La hotte n'a que des travaux de pointe sèche. Troisième état : La hotte est couverte de roulette; la corde du soufflet passe devant la hotte; le second marteau est ajouté & le premier plan de gauche se trouve dans l'ombre.

257. Auberge. — H. 80m. L. 140m. — Devant une auberge dont la façade occupe la droite deux chevaux sont attachés devant une mangeoire mobile, au-dessous du perron élevé de l'entrée à laquelle montent plusieurs degrés. En avant, picorent quelques poules. A gauche, un baquet & un tréteau; au fond, un porc, deux poules, une femme qui puise de l'eau à l'aide d'une pingaule & les maisons du village. 1848.

Tiré à 10 épreuves.

258. Auberge. — L'auberge est maintenant à gauche, un garçon verse de l'eau dans l'auge à laquelle boit un cheval, tandis qu'un autre cheval derrière lui retourne la tête. Dans l'angle gauche on distingue un chou, un pot, un balai, un chaudron & des poules. Un voyageur arrive à cheval enveloppé de son manteau. Des arbres & au fond un toit se découpent sur le ciel traversé de plusieurs oiseaux. 1848. Signé: *C. Jacque.*

Tiré à 20 exemplaires.

Premier état : Le pignon de la maison & les arbres seuls terminés;

8

sans la signature & sans la maison du fond. Deuxième état : Planche terminée.

259. L'ABREUVOIR. — H. 95^{m}. L. 125^{m}. — Plusieurs vaches viennent de droite boire à une rivière derrière laquelle on aperçoit plusieurs chaumières. Le vacher est monté sur un cheval qui est en tête du troupeau. Derrière, se dessinent des saules & divers arbustes. 1848.

Tiré à 25 exemplaires.

Premier état : Le paysage n'est indiqué qu'au trait. Deuxième état : Tout est repris à la roulette. Troisième état : Des lumières qui existaient dans la berge sont entièrement couvertes de roulette.

260. PAYSAGE. MOULIN. — H. 133^{m}. L. 111^{m}. — Sur la butte Montmartre on distingue à gauche un moulin & auprès les bâtiments & les bras du télégraphe. La nuit tombe. Deux femmes gravissent la colline. 1848.

Tiré à 15 épreuves.

261. PAYSAGE. CHEVAUX. — H. 117^{m}. L. 95^{m}. — Sur une route bordée d'arbres, au lever de la lune, un voyageur chemine à cheval & nous tourne le dos, tenant en main une autre monture. 1848.

Tiré à 25 épreuves.

262. PAYSAGE. — H. 44^{m}. L. 82^{m}. — Par un temps sombre nous voyons sur le bord d'une rivière une chaumière au milieu d'un bouquet d'arbres. 1848. Signé : *Ch. Jacque.*

Tiré à 5 exemplaires.

Premier état : Pointe sèche naturelle. Deuxième état : Roulette partout & surtout dans le ciel.

263. FORGE. — H. 114^{m}. L. 151^{m}. — Devant une forge placée sur la gauche, un ouvrier fait rougir un fer en tirant le cordon du soufflet de la main gauche. Contre la hotte sont

appendus plusieurs outils. Sous la forge, un seau & un baquet. Au fond, derrière l'enclume, un ouvrier qui nous tourne le dos trie des barres de fer auprès d'une fenêtre. Au premier plan, à droite, un pot à anse & des planches. 1848. Signé sur la hotte : *Ch. J.*

Premier état : Épreuve d'essai. Deuxième état : Burin ajouté dans le fond, de droite à gauche ; travaux dans les terrains des premiers plans. Troisième état : Roulette dans toutes les ombres.

264. Fuite en Égypte. — H. 159m. L. 219m. — Le long d'un étang, sur une route bordée de bois, un vieillard, un bâton à la main, conduit par la bride un âne sur lequel est assise une femme. 1848.

Tiré à 12 épreuves.
Premier état : Épreuve d'essai ; pointe sèche & roulette. Deuxième état : La planche est entièrement reprise à la roulette. Troisième état : Additions de roulette, surtout dans le ciel.

265. Écurie. — H. 112m. L. 99m. — Plusieurs chevaux sont alignés devant une mangeoire au-dessus de laquelle est suspendu le râtelier. Une lanterne tombe du plafond, retenue par une corde ; au premier plan, à droite, un seau ; à gauche, un balai & deux poules. 1848. Signé : *Ch. Jacque.*

Tiré à 20 épreuves.
Premier état : Épreuve d'essai ; la partie gauche de la planche est restée très-claire. Deuxième état : La lumière à gauche a été diminuée ; le premier plan & le fond à gauche ont été repris à la roulette.

266. Le moulin. — H. 112m. L. 100m. — A gauche, un moulin à moitié coupé par le bord de la planche. Un homme avec un bâton & une lanterne descend l'éminence sur laquelle le moulin est juché. 1848.

Tiré à 20 épreuves.

267. Paysage. — H. 112m. L. 133m. — Au fond d'une large plaine, on aperçoit plusieurs moulins environnés d'arbres

peu élevés. A gauche, s'élève un saule isolé ; au premier plan, une route ; au fond, à droite, deux autres moulins apparaissent dans l'éloignement. 1848.

Tiré à 25 exemplaires.

Premier état : Conforme à la description. Deuxième état : Les deux moulins qui étaient au centre ont perdu leurs ailes.

268. VACHES A L'ABREUVOIR. — H. 95^{m}. L. 123^{m}. — Des vaches accompagnées de leur gardien descendent une berge qui s'élève sur la gauche pour boire à une rivière qui coule vers la droite. Effet de soleil couchant. 1848.

Tiré à 25 exemplaires.

269. HOTELLERIE. — H. 162^{m}. L. 118^{m}. — Deux chevaux sont arrêtés dans une cour d'auberge dont on aperçoit la porte au fond, à gauche. Un garcon leur apporte à boire, tandis qu'une petite fille l'éclaire avec une lanterne. Derrière eux, on entrevoit la porte & la fenêtre de l'hôtellerie ; sur la droite & à côté, un arbre. 1864.

270. TROUPEAU DE MOUTONS. — H. 102^{m}. L. 157^{m}. — Un berger, assis sur une butte, le menton appuyé sur ses bras qui reposent sur un bâton, regarde à droite son troupeau paître autour de lui. Au-dessus de lui s'étend un saule. 1864.

SÉRIE C.

DIVERS ET PUBLICATIONS ILLUSTRÉES.

271. PORTRAIT. — H. 119ᵐ. L. 96ᵐ. — Tête d'homme à moustaches & barbiche avec de légers favoris, tourné vers la gauche. Signé : *Ch. Jacque à son ami Delattre 27 juin 1837.*

272. CHEMIN CREUX. — H. 85ᵐ. L. 130ᵐ. — Essai de vernis mou, d'eau-forte & de roulette. Un chemin creux traverse le milieu d'un bois ; à gauche, des arbres ; à droite, trois personnages dont un assis par terre. Signé : *JC. f[it] 1841.*

273. PAYSAGE ; CRÉPUSCULE. — H. 47ᵐ. L. 133ᵐ. — Essai de vernis mou & d'eau-forte. Le long d'une rivière qui coule à gauche passe une route sur laquelle chemine un pesant chariot. A droite, quelques arbres & une cheminée qui fume. Le ciel est presque envahi par la nuit.

274. MENDIANT. — H. 125ᵐ. L. 79ᵐ. — En avant d'une palissade en planches derrière laquelle on aperçoit des arbres, un mendiant, tête nue & culotte courte, passe, les deux mains appuyées sur un bâton. Signé : *Ch. Jacque. 1842. X[bre].*

275. CUL-DE-JATTE. — H. 94ᵐ. L. 69ᵐ. — Un mendiant cul-de-jatte à longue barbe, la tête couverte d'un haut chapeau, tient un panier de ses deux mains. Son bâton est devant lui couché en travers. Gravure au vernis mou.

276. PAYSAN ASSIS. — H. 38m. L. 28m. — Un homme en blouse, avec un chapeau à bords larges, tient un pot à la main & sa canne entre les jambes. Signé : *Ch. J.* Eau-forte.

277. CHEVAL SOUS UN HANGAR. — H. 74m. L. 103m. — Sous un chaume à claire-voie, un cheval attaché est occupé à manger. Par devant, des paniers ; au fond, des chaumières. Eau-forte.

AA. 569.

278. BUVEURS. — H. 80m. 60m. — Un homme assis sur un baquet renversé tient un vidercome ; un autre, debout derrière lui, a sa pipe à la main. Ils sont devant un vaste manteau de cheminée. Leur chapeau ressemble à ceux des personnages d'Ostade. Signé : *Ch. Jacque.* Eau-forte.

AA. 562.

279. TÊTE DE BUVEUR. — Diamètre, 87m. — Tourné vers la gauche & vu de buste, notre homme se retourne en riant ; sa main gauche tient une pipe ; sa droite, un verre. Eau-forte & roulette.

280. LA LECTURE. — H. 94m. L. 75m. — Deux jeunes femmes l'une assise & tenant un livre, l'autre debout, la tête couverte d'un chapeau de paille, sont placées dans un parc élégant dont on voit dans le fond le château. Signé : *Ch. Jacque.* Eau-forte.

AA. 560.

281. TÊTE DE BRETON. — H. 24m. L. 20m. — Ébouriffé, l'air niais, un Breton nous montre sa figure joviale jusqu'au cou seulement. Signé : *Ch. J.* Eau-forte.

282. PAYSAGE ; EFFET DE NUIT. — H. 71m. L. 120m. — Une rivière passe au milieu de la scène ; à gauche, quelques per-

sonnages; à droite, un bateau amarré à la rive près d'un bouquet d'arbres profile son mât sur le ciel gris. Le croissant de la lune apparaît au haut du ciel. Eau-forte pure.

283. PAYSAGE ET ANIMAUX. — H. 99m. L. 113m. — Plusieurs vaches & des moutons sont groupés au pied d'un arbre sur le bord d'une source. Une femme est assise près d'elles avec un enfant. Au fond, un toit rustique. Eau-forte.

284. BUSTE D'HOMME. — H. 121m. L. 111m. — Tourné vers la droite, l'épaule nue, le dos couvert d'une draperie tombante, l'homme est appuyé sur une table chargée d'une écuelle.

Premier état : Eau-forte pure. Deuxième état : Planche entièrement reprise & remordue.

285. RIEUR. — H. 118m. L. 111m. — Un homme à mi-corps, la tête ébouriffée couverte d'une toque, se tourne vers le spectateur en riant aux éclats. Eau-forte.

286. INTÉRIEUR DE CABARET. — H. 206m. L. 167m. — Dans un réduit très-sombre, plusieurs hommes sont assis autour d'une table, l'un à gauche, plus éclairé que les autres, lit une lettre, un autre fume sa pipe. On distingue dans le fond un homme debout couvert d'un tricorne. Eau-forte & vernis mou.

Unique.

287. BUSTE D'HOMME. — H. 70m 1/2. L. 86m. — Un homme à mi-corps tourné vers la gauche verse le contenu d'une cruche de grès dans une autre. Sur une table devant lui, un livre attaché à une chaîne. Signé : *Ch. Jacque.* Eau-forte & vernis mou.

288. CHIEN COUCHÉ. — H. 41m. L. 80m. — Un chien, au vernis

mou, est étendu à terre, la tête tournée vers la droite. Signé : *Ch. J. 1843.*

289. La femme a la cruche. — H. 115^{m}. L. 85^{m}. — Une femme en jupon, tournée vers la gauche, s'appuie d'une main contre un puits, tandis que de la main droite elle tient une cruche appuyée contre elle. Signé : *Ch. Jacque. 1843.* Eau-forte & vernis mou.

Unique.

290. Titre. — H. 144^{m}. L. 120^{m}. — Au-dessus d'un Breton jouant du biniou, un vieux mur porte cette inscription : *A Paris chez L. Curmer, 49 r. de Richelieu, et chez Gihaut frères, boulevart des Italiens. Eaux-fortes par Marvy et Ch. Jacque. 1483.* Signé : *Ch. Jacque.* Vernis mou & roulette.

AA. 351. L'inscription porte maintenant : *chez Marchant, éditeur, rue de Rivoli 110 à l'Alliance des arts.*

291. Titre. — H. 136^{m}. L. 112^{m}. — Au-dessus d'une femme qui lit une lettre à la lueur d'une bougie on lit : *Eaux-fortes et vernis mous par Ch. Jacque et Louis Marvy. 1843.* Vernis mou.

292. La hutte abandonnée. — H. 36^{m}. L. 58^{m}. — Près d'un bois qui occupe la droite se trouve une hutte de cantonnier à moitié détruite. En avant, deux hommes dont un assis à terre.

Premier état : Avant le ciel. Deuxième état : Ciel ajouté dans le coin à gauche.

293. Bénédicité. — H. 83^{m}. L. 104^{m}. — Une mère assise, son enfant sur les genoux, lui fait dire sa prière avant de commencer son repas étalé sur une table devant elle. Signé : *Ch. Jacque.*

AA. 578.

294. Les bords de la Durance. — H. 76^{m}. L. 204^{m}. — Au premier plan coule la Durance ; ses rives sont couvertes d'arbres & de peupliers. Un peu vers la droite se dresse le mont Ventoux.

Épreuve unique.

295. Sujet mythologique. — H. 94^{m}. L. 73^{m}. — Dans le fond, un concert de musiciens. Une femme s'avance sur le premier plan & s'arrête effrayée par l'apparition d'un gros serpent. Signé : *C. Jacque.*

AA. 559.

296. Sujet libre. — H. 91^{m}. L. 106^{m}. — Scène luxurieuse que nous nous abstiendrons de décrire. Signé : *Ch. J.* Contre-épreuve.

297. Sujet libre. — H. 76^{m}. L. 102^{m}. — Cette planche a beaucoup d'analogie avec la précédente ; la femme a conservé sa position ; un porc a remplacé l'homme.

298. Paysage. — H. 82^{m}. L. 142^{m}. — Les bords d'une rivière sont entourés d'arbres. A droite on distingue une chaumière. Signé : *1844. Ch. J.*

299. Marchand de melons. — H. 76^{m}. L. 101^{m}. — Un homme à large chapeau est accroupi dans un angle de mur. Trois melons sont posés sur une planche retenue par des ficelles. Signé : *C. J.* 1844.

Premier état : Eau-forte pure. Deuxième état : La planche est reprise à la roulette & au burin ; le chapeau a changé entièrement de forme.
AA. 401.

300. Devant de maison. — H. 66^{m}. L. 51^{m}. — Debout sur le seuil d'une maison, une femme donne des provisions à une petite fille qui lui tend son tablier. Derrière elles, on

voit plusieurs cages, des légumes, des paniers. Signé : *Ch. Jacque. 1844.*

AA. 365.

301. Portrait de Campredon. — H. de la planche 205m. L. 145m. — Le modèle est tourné vers la droite, portant la moustache & la barbiche. Signé : *Ch. Jacque à Campredon. 9bre 1844.* Très-rare.

302. Paysage. — H. 59m. L. 95m. — Une femme verse dans un baquet l'eau qu'elle vient de puiser à l'aide d'une pingaule. Au fond, des barrières, un saule & d'autres arbres. Eau-forte sur acier.

303. Marine. — H. 46m. L. 102m. — On distingue d'abord la mer, puis le rivage avec un village & le ciel très-sommairement esquissés. Signé : *C. J.*

Unique.

304. Tête de religieuse. — Diam. 36m. — Une tête de femme encore jeune couverte de la coiffe religieuse se détache à peine sur le fond sombre. Eau-forte, pointe sèche & roulette.

Unique.

305. Paysage ; effet d'orage. — H. 109m. L. 93m. — Sur une berge, le long d'une côte escarpée, passe un lourd chariot. Un homme sort de la rivière, tirant après lui un enfant. Dans le fond, on aperçoit le village. Tout le paysage est traversé par une violente pluie d'orage.

306. Portraits. — H. 203m. L. 156m. — Sur une même planche sont tracés trois portraits, celui de Campredon à mi-corps, une autre tête indiquée dans un autre sens.

307. La mort berçant un enfant. — H. de la planche 92^{m}. L. 112^{m}. — La Mort, les épaules couvertes d'une draperie, berce un enfant sur ses genoux.

308. Joueur de guitare. — H. 103^{m}. L. 104^{m}. — Un jeune homme tourné vers la gauche tient de la main droite une guitare à l'envers.

309. Paysage. — H. 43^{m}. L. 104^{m}. — Devant un bois coupé de quelques barrières, deux chevaux sont arrêtés; l'un d'eux broute. Signé : *Ch. Jacque*. Les trois premières lettres seules ont mordu.

310. Paysage. — H. 67^{m}. L. 104^{m}. — Au milieu se trouve une vache, au fond, quelques saules. Eau-forte & roulette.

AA. 580.

311. Porte de ferme. — H. 62^{m}. L. 102^{m}. — Devant une porte mi-close à laquelle est accoudée une femme, deux cochons mangent dans une auge à droite. A gauche, deux femmes dont l'une assise & deux enfants.

AA. 577.

312. Cour de ferme. — H. 62^{m}. L. 88^{m}. — A gauche est indiqué le bâtiment de la ferme. Une femme est courbée sur une auge en pierre. Au fond, des saules. En avant, des poules & un porc qui mange dans une auge. A gauche, un groupe d'enfants. Signé : *Ch. Jacque*.

313. Portrait. — H. 136^{m}. L. 112^{m}. — Buste d'homme tourné vers la gauche sur un fond sombre.

314. Portrait. — H. 71^{m}. L. 75^{m}. Un homme à longs cheveux & à moustaches, tourné vers la gauche, paraît vêtu du costume hollandais du XVIIe siècle. Signé : *Ch. J.*

315. Essais de pointe sèche. — 106m. L. 92m. — Sur une même planche sont esquissés quatre sujets, dont deux figurent sous les nos 316 & 317; un autre est rangé dans la série B, no 234, & le dernier représente une arche de pont & un coin de ciel.

316. Sujet de chasse. — H. 38m. L. 23m. — Au bas d'un pieu auquel pend un carnier, un chien de chasse surveille une cigogne morte étendue à terre.

317. Tête de soldat. — H. 22m. L. 21m. — Un grognard, coiffé d'un bonnet de police, est tourné vers la gauche, sa capote boutonnée jusqu'au cou.

318. Moine en prière. — H. 38m. L. 29m. — Un moine tourné vers la droite est agenouillé devant un livre posé sur un prie-Dieu. Essai de roulette & de pointe sèche.

319. Porc. — H. 22m. L. 32m. — Un porc couché est vu de dos. Signé à l'envers : *Ch. J.* Pointe sèche.

320. Animaux. — H. 23m. L. 48m. — Une vache & une chèvre sont légèrement indiquées à la pointe sèche.

321. Essais de pointe sèche. — H. 44m. L. 78m. — Sur une même planche sont tracés deux chevaux, l'un à un râtelier, un chien couché & un coin de paysage.

322. Cheval. — H. 36m. L. 39m. — Le cheval au râtelier du no 321 a été encadré, le chien effacé au brunissoir.

323. Cerf, d'après Barye. — H. 191m. L. 246m. — Au milieu d'une plaine, un cerf est attaqué par un chien qui se pend à sa gorge. A gauche sont indiqués quelques troncs d'arbres. Signé : *Ch. Jacque, 1846, gravé d'ap. Barye.*

324. Effet de lumière. — H. 46^{m}. L. 52^{m}. — Un homme à haut chapeau est légèrement éclairé par une chandelle ; le fond est très-sombre.

325. Dormeur. — H. 118^{m}. L. 88^{m}. — Assis sur les barreaux d'un tabouret renversé, un homme s'endort la tête appuyée sur la main, tenant encore sa pipe à la bouche. Signé : *Ch. Jacque. 1848.* Eau-forte & pointe sèche.

Unique.

326. Joueur de vielle. — H. 42^{m}. L. 14^{m}. — Un petit bonhomme joue de la vielle en dansant, tourné vers la gauche.

327. L'Amour et Vénus. — H. 77^{m}. L. 124^{m}. — Sur un fond obscur où on distingue à peine le tronc d'un arbre, s'enlève en lumière un corps de femme couchée & dormant ; l'Amour ailé est devant elle. Signé : *C. J.* Eau-forte & roulette.

328. Balayeuse. — H. 75^{m}. L. 65^{m}. — Une femme assise, très-légèrement indiquée, est tournée vers la gauche. Elle tient entre les mains un balai.

PUBLICATIONS ILLUSTRÉES.

329. Van de Velde dessinant un combat naval. — H. 147^{m}. L. 220^{m}. — Du haut d'une barque chargée de matelots & ballottée par les flots, le maître hollandais dessine les épisodes d'un combat naval qu'on distingue à peine à cause de la fumée. D'après un tableau de M. Lepoittevin, publié dans les *Beaux-Arts*, chez Curmer. Vernis mou.

330. Fable indienne. — H. 101^{m}. L. 157^{m}. — Un cavalier, la tête couronnée & un large sabre à la main, monte un cheval ailé qui s'élance pour traverser une rivière. Le pay-

sage est planté de cactus & d'arbres des tropiques. Au fond, des montagnes. Gravé sur acier pour une *Histoire des religions*, publiée chez Pagnerre.

Premier état : Eau-forte pure. Deuxième état : Terminé à la mécanique.

331. Vue du palais de l'industrie. — H. 153^{m}. L. 236^{m}. — Au fond, s'étend le palais de l'Industrie. Le devant est traversé par un carrosse escorté de cuirassiers. A droite & à gauche se presse la foule.

Premier état : Eau-forte pure. Deuxième état : Travaux de mécanique.

332. Cour de Saint-Lazare. — H. 135^{m}. L. 225^{m}. — Sous des arbres sans feuilles, les détenues sont réunies en divers groupes. Au fond, on aperçoit les murs & les fenêtres de la prison. A droite se dresse un crucifix. Publié dans les *Mystères de Paris*. (Fleur-de-Marie & la Louve.)

Premier état : Eau-forte pure. Deuxième état : Planche terminée à la mécanique.

333. Ferme. — H. 124^{m}. L. 200^{m}. — Au premier plan, un cavalier arrêté sur une route près d'un berger accompagné d'une petite fille. A gauche, des vaches éparses dans la plaine; au fond, un clocher. Au loin, on voit des cavaliers & des chiens suivre un cerf de toute leur vitesse. A droite, une ferme, &, en avant, des moutons & un chariot de foin. Au ciel, une nuée d'oiseaux. Cette gravure a paru dans les *Mystères de Paris;* c'est la ferme où fut conduite Fleur-de-Marie. Eau-forte, roulette & pointe sèche.

Œuvres de Walter Scott. — Traduction Defauconpret. Nouvelle édition, *illustrée de dessins composés et gravés sur acier par Ch. Jacque.* Paris, Gustave Barba, 1844. In-12.

334. Rob-Roy. Frontispice. — H. 105^{m}. L. 75^{m}. — Le chef

de clan, en costume écossais, assis de face sur un rocher, tient sa claymore de la main droite & tourne la tête vers la gauche. Signé : *Ch.Jacque.* — *Rob-Roy.*

335. Rob-Roy. Deuxième partie. — H. 60^{m}. L. 105^{m}. — Un paysage montueux, où serpente une rivière tortueuse, s'étend sur la droite au pied d'une éminence où apparaissent miss Vernon & son cavalier. Un bouquet d'arbres occupe la gauche. Signé : *Ch. Jacque.* — *Rob-Roy.* Ch. VII.

336. Diana Vernon. Troisième partie. — H. 101^{m}. L. 75^{m}. — En costume d'amazone, la jeune héroïne anglaise est assise sur un banc de pierre adossé à un mur tout garni d'herbes & de fleurs. Signé : *Ch. Jacque.* — Diana Vernon (*Rob-Roy*).

337. Rob-Roy. Quatrième partie. — H. 70^{m}. L. 100^{m}. — Rob-Roy est amené prisonnier, les mains liées au corps par une sangle de cheval, devant le duc de Montrose. Signé : *Ch. Jacque.* — *Rob-Roy.* Ch. XXXII.

338. Rob-Roy. Cinquième partie. — H. 87^{m}. L. 75^{m}. — Diana Vernon, en tête-à-tête avec Frank dans la bibliothèque, lit les vers qu'elle vient de trouver. Signé : *Ch. Jacque.* — *Rob-Roy.*

339. La prison d'Édimbourg. Jeanie Deans. Première partie. — H. 125^{m}. L. 80^{m}. — Les cheveux dénoués, les pieds nus, tenant à la main un bâton & son chapeau à larges bords, l'héroïne est debout, devant une source, au milieu d'un paysage accidenté. Signé : *Ch. Jacque.* — Jeanie Deans. *La prison d'Édimbourg.*

340. La prison d'Édimbourg. Deuxième partie. — H. 81^{m}. L. 132^{m}. — Du haut d'une éminence, Jeanie considère le

village qui lui a donné le jour. Signé : *Ch. Jacque.* — *La prison d'Édimbourg.* Ch. XVII.

341. EFFIE DEANS. Troisième partie. — H. 121^{m}. L. 75^{m}. — Dans un bois touffu la jeune femme debout, les mains croisées, le corps tourné vers la droite, détourne la tête & la penche à gauche. Signé : *Ch. Jacque.* sc. — Effie Deans. *Prison d'Edimbourg.*

342. LA PRISON D'ÉDIMBOURG. Quatrième partie. — H. 73^{m}. L. 120^{m}. — Dans un paysage sauvage, au fond duquel on aperçoit les ruines d'un vieux château, l'inconnu tient Jeanie évanouie entre ses bras. — *Prison d'Édimbourg.* Ch. XV.

343. LA PRISON D'ÉDIMBOURG. Cinquième partie. — H. 100^{m}. L. 70^{m}. — Mistress Staunton & Davia au milieu des montagnes toutes remplies de précipices. Signé : *Ch. Jacque.* — *Prison d'Édimbourg.* Ch. L.

344. KENILWORTH. LEICESTER. — H. 105^{m}. L. 65^{m}. — Un jeune page est debout, la main sur la hanche, au milieu d'une pièce dont on voit au fond la porte garnie d'épaisses ferrures. A côté, contre le mur, est une glace surmontée d'un écusson.

345. KENILWORTH. — H. 99^{m}. L. 70^{m}. — Une femme assise & tournée vers la gauche se retourne vers une autre femme qui, debout & appuyée sur le dossier de sa chaise, semble causer. Signé : *Ch. Jacque.* — Ch. XXIII.

346. KENILWORTH. — H. 72^{m}. L. 108^{m}. — Au milieu d'un bosquet, un cavalier s'approche d'une dame qui va descendre un escalier dont les marches apparaissent au premier plan. A gauche, un banc de pierre. Signé : *Ch. Jacque.* — Ch. XXXIV.

347. Ivanhoe. — H. 100m. L. 70m. — Dans un paysage accidenté & orné de beaux arbres, un jeune homme tout équipé s'avance, le casque en tête, la main posée sur la poignée de son épée passée dans son ceinturon. Signé : *Ch. Jacque.* — Ivanhoe.

348. Ivanhoe. — H. 68m. L. 105m. — Au milieu d'un paysage sauvage & planté de quelques arbres, coule une rivière encaissée. A l'ombre d'un gros chêne, Wamba & Gurth, dont le troupeau paît à côté sous la surveillance de son chien, mangent & se reposent.

349. La jolie fille de Perth. — H. 110m. L. 75m. — Une femme debout, la tête enveloppée d'un voile qui pend derrière elle, est adossée à un rocher surmonté de quelques arbres. Elle regarde à ses pieds. Signé : *Ch. Jacque.*

350. La jolie fille de Perth. — H. 100m. L. 80m. — Un cavalier & son chien abandonnent une jeune fille qui est assise en avant, la tête entre les mains. Une guitare gît à ses pieds. Montagnes au fond. Signé : *Ch. Jacque.* — Ch. XII.

351. La jolie fille de Perth. — H. 87m. L. 60m. — Le forgeron debout & tourné vers la gauche, l'épée au côté, appuie la main droite sur le manche d'un marteau posé sur une enclume. Signé : *Ch. Jacque.*

352. La jolie fille de Perth. — H. 107m. L. 86m. — Un forgeron à son enclume s'apprête à frapper avec un lourd marteau sur une barre de fer qu'il tient de la main droite. A droite, un Écossais debout, enveloppé de son plaid, regarde l'ouvrier. Au fond, à gauche, travaille un autre forgeron. Signé : *Ch. Jacque.* — Ch. XXXIII.

353. Quentin Durward. — H. 95m. L. 80m. — Le roi

9

Louis XI s'avance vers une porte placée à gauche ; à ses côtés est son médecin. Signé : *Ch. J.*

354. Isabelle de Croye. — H. 100^{m}. L. 76^{m}. — Elle s'avance vers la gauche portant un plateau chargé de coupes & d'une serviette. Derrière elle, une table, en avant d'une cheminée à large hotte. Signé : *Ch. Jacque.* — Quentin Durward. Ch. IV.

355. Quentin Durward. — H. 105^{m}. L. 75^{m}. — Un homme d'armes monte la garde, armé de son fusil, appuyé contre la muraille. Sa poitrine est couverte d'une croix en sautoir. Signé : *Ch. Jacque.*

356. Quentin Durward. — H. 110^{m}. L. 80^{m}. — Trois hommes d'armes au fond regardent un de leurs compagnons qui va pendre à un arbre un homme tout déguenillé. L'échelle est déjà contre le tronc de l'arbre. La corde pend à la branche. Signé : *Ch. Jacque.*

357. Fergus Mac Ivor-Waverley. — H. 97^{m}. L. 70^{m}. — Un chef de clan en costume écossais est debout au milieu des montagnes, le pied gauche posé sur une pierre, tenant par le milieu de la lame son épée dans la main gauche. Signé : *Ch. Jacque.*

358. Flora Mac-Ivor. — H. 102^{m}. L. 80^{m}. — Vêtue d'une longue robe sans taille, assise dans une anfractuosité de rocher, elle regarde à droite dans la plaine. A sa gauche, une harpe gît à terre. Signé : *Ch. J.* — *Waverley.*

Deux autres eaux-fortes, gravées pour *Waverley*, étant signées Jules Collignon, ne doivent point figurer ici.

359. L'Antiquaire. — H. 100^{m}. L. 70^{m}. — Le vieillard, assis près d'une table placée à droite, feuillette un gros

volume dans un cabinet encombré de tableaux, d'armes, de gravures roulées, de cartons, de livres, etc. Signé : *Ch. Jacque.*

360. Elshie. Le nain noir. — H. 80m. L. 120m. — Un nain, coiffé d'un bonnet à poil, tient de la main droite un poignard & appuie sa main gauche sur un rocher. Signé : *Ch. Jacque.*

361. John Balfour de Burley. Les Puritains. — H. 80m. L. 115m. — Le héros de Walter Scott, assis à terre à l'entrée d'une grotte, tient un livre d'une main & son épée de l'autre. Signé : *Ch. Jacque.*

N'ayant pu savoir à quels romans appartiennent les planches suivantes, nous les donnons sans titre, laissant aux bibliophiles le soin de combler cette lacune.

362. Prisonnier. — H. 75m. L. 67m. — Un prisonnier, assis devant une table sur laquelle il appuie ses coudes, regarde vers la gauche une fenêtre garnie de barreaux. Signé : *Ch. Jacque.*

363. Le médecin. — H. 80m. L. 95m. — Un homme est en avant, debout près d'une table chargée d'objets. Il regarde en riant un malade alité dont le bras est enveloppé de linges. Signé : *Ch. Jacque.*

364. Sorcière. — H. 70m. L. 115m. — Devant une porte amortie en cintre brisé, une vieille femme semble prédire l'avenir à un ministre, armé d'une longue canne, qui recule effrayé des révélations qu'il entend. Signé : *Ch. Jacque.*

365. Fin d'un duel. — H. 80m. L. 105m. — Sur une grande route deux gentilshommes viennent de se battre, l'un d'eux, blessé, est étendu à terre. Derrière son adversaire, on aper-

çoit un troisième personnage. Au fond, s'élève un vaste château, flanqué de tours. Signé : *Ch. Jacque.*

366. Le combat. — H. 60m. L. 95m. — Au fond, un combat de cavalerie, tandis qu'au premier plan un Écossais traverse son adversaire de sa claymore. — Probablement destiné à *Rob-Roy.*

367. Montagnes. — H. 100m. L. 75m. — Dans un paysage montagneux où coule un torrent & au fond duquel se détachent trois pics escarpés, deux petits personnages sont arrêtés au bord d'un précipice. Signé : *Ch. Jacque.*

368. La poursuite. — H. 70m. L. 100m. — Une vieille femme montre à deux hommes armés de bâtons & de pistolets un souterrain dans lequel un des hommes est déjà à moitié engagé. Signé : *Ch. Jacque.*

369. Scène funèbre. — H. 75m. L. 100m. — Des paysans écossais regardent un cadavre étendu sur la paille dans une grange. A droite, une vieille femme debout semble leur parler.

370. Bombance. — H. 70m. L. 92m. — Un moine chante en s'accompagnant sur la harpe, tandis qu'un chevalier à moitié étendu sur un banc prend un verre plein sur la table qui est devant lui. Signé : *Ch. Jacque.*

371. Chateau. — H. 65m. L. 90m. — Au fond d'un paysage tout rempli d'arbres élevés apparaissent les hautes murailles d'un château. Au premier plan, deux hommes arrêtés sur une route montrent du doigt un troisième personnage qui traverse un ruisseau. Signé : *Ch. J.*

Le jardin des plantes. — Description complète & pittoresque du Muséum d'histoire naturelle, etc., par MM. P. Bernard,

L. Coailhac, etc. Paris, Curmer, 1842. 2 vol. in-4° dont un de texte & un de gravures. Le volume de texte renferme plusieurs bois de M. Jacque (cabanes, culs-de-lampe).

372. Cabanes des paons et des cigognes.—H. 180^{m}. L. 120^{m}. — Signé : *Ch. Jacque*. Gravé sur acier comme les suivantes.

373. Le réservoir, entrée par la rue Cuvier. — H. 180^{m}. L. 120^{m}. — Signé : *Ch. Jacque del. et sculp. 1841.*

374. Les cabanes des loups. — H. 170^{m}. L. 115^{m}. — Signé : *Ch. Jacque inv. sc. 1842.*

375. Les volières des oiseaux de proie. — H. 170^{m}. L. 120^{m}. — Signé dans l'écriteau : *Ch. Jacque. 1842.*

Bretagne et Vendée. Histoire de la révolution française dans l'Ouest (complément de la Bretagne ancienne & moderne), par Pitre-Chevalier, illustrée par A. Leleux, O. Penguilly. Chez W. Coquebert. Gr. in-8°. Paris, 1844.

376. Habitants de Rennes chassés de la ville (1675), p. 45. — H. 97^{m}. L. 140^{m}. — Des paysans & un noble en habit de gentilhomme sont étendus autour d'un tronc d'arbre. Au fond se presse une troupe nombreuse de fugitifs. En bas du cadre : *Ch. Jacque del. et sculp.*

Premier état : Eau-forte pure. Deuxième état : Retouches & travaux de mécanique dans le ciel.

377. Les quatre gentilshommes bretons. Conspiration de Cellamare (1720), p. 78. — H. 95^{m}. L. 141^{m}. — Ils marchent au supplice précédés d'un mousquetaire & escortés de deux moines. Un soldat, l'épée dans une main & une torche

dans l'autre, éclaire l'escalier de la prison. En bas du cadre : *Ch. Jacque del. et sculp.*

Premier état : Eau-forte pure. Deuxième état : Toute la planche est couverte de travaux de mécanique.

378. UNE EMBUSCADE (p. 409). — H. 94^{m}. L. 140^{m}. — Des royalistes, accroupis derrière un pan de muraille & des palissades, observent & ajustent les soldats d'un régiment républicain qui passe dans le fond. En bas du cadre : *Ch. Jacque sculp.*

Premier état : Eau-forte pure. Deuxième état : Travaux de roulette, de mécanique & de pointe sèche. Oiseaux ajoutés dans le ciel.

379. DERNIER COMBAT DE CHARETTE (p. 563). — H. 95^{m}. L. 136^{m}. — Le chef vendéen blessé est étendu près d'un arbre, soutenu par un de ses soldats. Quelques autres le défendent encore contre les bleus qui arrivent à droite & vont le faire prisonnier. En bas du cadre : *Tony Johannot del. Ch. Jacque sc.*

380. CHOUANS AU BIVOUAC. — H. 97^{m}. L. 142^{m}. — Disséminés au premier plan, les fusils en faisceaux, les Bretons se reposent ou préparent leur nourriture, tandis qu'un détachement à droite est aligné pour faire l'exercice. Trois sentinelles, dont un prêtre, veillent au fond sur le bivouac. En bas : *Ad. Leleux del. Ch. Jacque sc.*

LA BRETAGNE ANCIENNE ET MODERNE, par M. Pitre-Chevalier, illustrée par MM. Adolphe Leleux, O. Penguilly. Paris, W. Coquebert. Gr. in-8°. 1844. Une nouvelle édition a été donnée en 1859 chez Didier. Gr. in-8° en 2 volumes.

381. LA COURSE (p. 31). — H. 95^{m}. L. 141^{m}. — Au milieu d'un cercle de Bretons, de femmes & d'enfants, deux coureurs s'élancent pour lutter de vitesse. Des arbres de forme

fantastique encadrent la scène & laissent apercevoir au fond le clocher de l'église. En bas du cadre : *Penguilly del. Ch. Jacque sculp*t.

Premier état : Eau-forte pure. Deuxième état : Les terrains, le ciel & les nuages ont été repris à la pointe & couverts de travaux de mécanique.

382. COURS DE LA DOUFINE (près Châteaulin) (p. 33). — H. 97m. L. 140m. — Entre deux collines semées çà & là de bosquets serpente une rivière sinueuse. Un faucheur & des cultivateurs se reposent à droite au premier plan. En bas du cadre : *Adolphe Leleux del. Ch. Jacque sculp*t.

383. KOROL (p. 225). — H. 97m. L. 142m. — Au milieu d'une place de village, des paysans dansent en rond au son des binious de quelques musiciens placés à gauche sur une estrade. En bas du cadre : *Adolphe Leleux del. Ch. Jacque sculp*t.

Nous n'avons pas retrouvé les planches suivantes dans les éditions des deux ouvrages précédents pour lesquels elles furent gravées.

384. L'ATTENTE. — H. 85m. L. 128m. — Près d'un campement établi sur une falaise au bord de la mer, une Bretonne consulte l'horizon du regard & semble chercher une voile. D'après M. Leleux.

385. L'AUBERGE. — H. 79m 1/2. L. 117m. — Un homme assis sur un cheval est arrêté à la porte d'un maréchal ferrant devant laquelle se tiennent deux individus à mine rébarbative. L'un d'eux lui tend du feu pour allumer sa pipe. D'après M. Penguilly-Lharidon.

386. INTÉRIEUR DE PÊCHEUR. — H. 92m. L. 117m. — Dans une hutte grossière, un sabotier breton est assis sur une pierre &

près de lui sa femme, accroupie à terre, tient son enfant dans ses bras. Un chien à côté d'eux les regarde. D'après Fortin.

LA PLÉIADE. Ballades, fabliaux, nouvelles & légendes. Homère, Veda Vyasa, Marie de France, Burger, Hoffmann, Ludwig Tieg, Ch. Dickens, Gavarni, H. Blaze. Paris, Curmer, 1842.

Chacune des onze nouvelles du volume a un titre particulier, une pagination & une date distinctes; toutes ont paru en 1841 ou 1842.

387. CH. DICKENS. LE BARON DE GROGZWIG. (Troisième nouvelle du volume.) Frontispice. — H. 140^{m}. L. 95^{m}. — En haut, le château du baron; au milieu, le titre; en bas, une chasse à l'ours. Signé : *Ch. Jacque inv. sc.* — La traduction est de M. de la Bédollière.

388. MATHIAS EMMICH. GENEVIÈVE DE BRABANT. (Quatrième nouvelle.) Tr. du latin par E. de la Bédollière. Frontispice. — H. 155^{m}. L. 100^{m}. — En haut, le comte Sigefroid rencontre Geneviève nue dans sa grotte avec son fils & sa biche; le titre occupe le centre; au bas, l'enfant de Geneviève joue avec la biche. Gravé d'après un dessin de Jeanron.

389. H. BLAZE. ROSEMONDE. Légende (en vers). (Sixième nouvelle.) Frontispice (p. 1). — H. 145^{m}. L. 98^{m}. — Le titre occupe le milieu de la planche au-dessous d'une jolie fille occupée dans une campagne à effeuiller des roses qui viennent en bas tomber dans une fosse béante. Signé d'un monogramme qui donne : *Ch. Jacque inv. sculp.*

Les cinq gravures suivantes appartiennent aussi à *Rosemonde.*

390. TITRE. LA CHAMBRE DE ROSEMONDE (p. 5). — H. 116^{m}.

L. 77^{m}. — Des branches entremêlées partent du bas de la page. Au milieu d'elles est inscrit le nom de Rosemonde. En haut, s'ouvre un intérieur calme & mystérieux garni d'un mobilier complet du moyen âge. Signé : *Ch. Jacque inv. sculp.*

391. Paysage. Clair de lune (p. 8). — H. 58^{m}. L. 83^{m}. — Dans un paysage accidenté dont un bouquet d'arbres occupe le centre, on voit à droite des cascades s'élancer d'une montagne. La scène est éclairée par le disque de la lune. Signé : *Jacque inv. sculp^{t}.*

392. Intérieur (p. 11). — H. 58^{m}. L. 76^{m}. — Une vieille femme, assise sur une chaise de bois, ne se montre qu'à mi-corps, Devant elle, sur une table, est posé un livre ouvert. Signé : *Ch. Ja.*

> Et l'aïeule, inclinant son front sur sa poitrine,
> Dans sa chaise de bois venait de s'endormir.
> Or la lune éclairait sa face vénérable
> Tandis qu'à ses côtés, sur une étroite table
> Où la lampe de nuit veillait pourtant encor,
> Était un beau missel tout enluminé d'or.

393. Intérieur (n'a pas paru dans le volume). — H. 60^{m}. L. 54^{m}. — Assise dans sa chambre auprès de son rouet inactif, Rosemonde est plongée dans ses réflexions; au fond, l'aïeule est enfoncée dans un vaste fauteuil. Monogramme de *C. Jacque.*

Épreuve unique.

394. Rosemonde a la fenêtre (p. 24). — H. 75^{m}. L. 63^{m}. — La jeune fille se penche en dehors de sa fenêtre, une bougie à la main, pour regarder une blanche apparition qui se perd au milieu de l'obscurité nocturne parmi les arbres.

395. Le départ (p. 34). — H. 70^{m}. L. 55^{m}. — Rosemonde paraît sur la porte de sa demeure au-devant de la Mort qui vient la chercher.

ROSEMONDE.

. . . . . Attendez que je souffle la lampe.

LA MORT.

L'endroit où Valentin repose est loin d'ici.
Nous n'arriverons pas ; descends-tu ?

ROSEMONDE.

Me voici.

396. Gavarni. Madame Acker. Nouvelle (huitième du volume). Titre. — H. 145^{m}. L. 98^{m}. — Au milieu de la planche est gravé le titre entre Mme Acker qui, en haut, se retourne coquettement pour admirer son joli pied & M. Acker qui, au bas, travaille dans son atelier.

397. L'enseigne de madame Acker (p. 5). — H. 41^{m}. L. 76^{m}. — Une nombreuse foule de badauds est arrêtée devant une boutique au-dessus de laquelle un peintre d'enseignes vient de terminer l'inscription : Jecker Acker, cordonnier pour hommes &... Signé : *Ch. Jacque inv. sc. 1841.*

398. La rencontre (p. 10). — H. 85^{m}. L. 70^{m}. — En avant du village, au milieu des bosquets passe M. Acker, la pipe à la bouche, une paire de lunettes rondes sur le nez. La jeune femme, le voyant venir, retrousse sa robe pour faire voir l'élégance de son pied. Signé : *Ch. Jacque.*

399. Le soulier (p. 13). — H. 60^{m}. L. 52^{m}. — M. Acker dans son atelier médite profondément, sa tête ébouriffée appuyée sur sa main. Son autre main tient le fameux soulier. Une seule chandelle éclaire son intérieur sombre & fantastique.

400. La promenade (p. 19). — H. 75[m]. L. 58[m]. — « Et on la vit enfin se diriger vers la métairie. » Elle s'avance sur la route champêtre, portant un panier de la main gauche. Au fond, devant un horizon montagneux, apparaît le village. Signé : *Ch. Jacque.*

401. L'hésitation (p. 22). — H. 60[m]. L. 52[m]. — Mme Acker se prépare à monter un escalier à vis qui s'ouvre à droite & au bas duquel le chien Monmie vient lui faire fête. Signé : *Ch. Jacque.*

Contes du temps passé par Charles Perrault, illustrés par MM. Pauquet, Marvy, Jeanron, Jacque & Beaucé. Texte gravé par M. Blanchard.

402. Le chat botté. Frontispice. — H. 160[m]. L. 118[m]. — Au-dessus du chat botté, très-galamment habillé & monté sur des volumes au dos desquels on lit : Gil Blas & Robert Macaire, est inscrit : *Le chat botté.* Signé : *Ch. Jacque.*

Premier état : Eau-forte pure. Deuxième état : Travaux de mécanique dans les terrains, les fonds & les lettres.

403. Cendrillon. Frontispice. — H. 158[m]. L. 105[m]. — Au-dessus d'une vieille porte, on lit : *Cendrillon.* Devant la porte, la vieille fée, &, à côté, le fils du roi tenant la main de Cendrillon. Signé : *Ch. Jacque.*

404. Tête de page (1). — H. 60[m]. L. 110[m]. — Au-dessus de Cendrillon, entourée d'instruments de ménage & récurant un chaudron, on lit : *Cendrillon.*

Premier état : Eau-forte pure. Deuxième état : Travaux sur les lettres & mécanique sur tout le fond.

405. Tête de page (2). — H. 95[m]. L. 100[m]. — Le galetas de Cendrillon s'ouvre au faîte d'un escalier à vis en pierre. Signé : *Ch. Jacque.*

406. Tête de page (3). — H. 54^{m}. L. 108^{m}. — Dans la cuisine de Cendrillon, la fée, sa marraine, creuse la citrouille qu'elle va transformer en carrosse, tandis que Cendrillon auprès d'elle tient la bougie pour l'éclairer. Signé : *Ch. Jacque inv. sc.*

407. Tête de page (4). — H. 45^{m}. L. 110^{m}. — La métamorphose est accomplie, le carrosse s'élance au grand galop des chevaux, à la lueur des torches portées par les laquais. Signé : *Ch. Jacque inv. sc.*

Premier état : Eau-forte pure. Deuxième état : Travaux de mécanique & terrains ajoutés.

408. Tête de page (5). — H. 54^{m}. L. 102^{m}. — Le fils du roi présente à sa noble famille Cendrillon qui fait son entrée au bal. Signé : *Ch. Jacque sc.*

409. Tête de page (6). — H. 80^{m}. L. 109^{m}. — Cendrillon descend à la hâte l'escalier du palais. Le prince cherche à la suivre. Signé : *Ch. Jacque.*

410. Tête de page (7). — H. 56^{m}. L. 85^{m}. — Cendrillon essaye le soulier; les officiers du prince l'entourent sous des formes grotesques. Signé : *Ch. Jacque inv. sculp.*, à l'envers.

Premier état : Eau-forte pure. Deuxième état : Travaux de mécanique.

411. Cul-de-lampe. — H. 45^{m}. L. 90^{m}. — Le dessinateur a figuré l'équipage de Cendrillon, la citrouille, ses six souris qui l'entraînent à grande vitesse, le rat qui les conduit & les lézards grimpant derrière le carrosse avant leurs métamorphoses. Signé : *Ch. Jacque.*

Premier état : Eau-forte pure. Deuxième état : Repris à la mécanique.

412. Peau d'ane. Cul de lampe. — H. 105^{m}. L. 110^{m}. — A une branche d'arbre pend la fameuse peau, à côté, le mouton

& le pâté. Cette gravure est la dernière du conte & du volume. Signé : *Ch. Jacque.*

Les planches qui suivent ont été gravées pour la *Vie à la campagne* & ont paru ces dernières années.

413. Aquarium. — H. 78m. L. 177m. — Vue de l'aquarium du Jardin d'acclimatation, gravée pour la *Vie à la campagne,* de Tournier. 1862.

Premier état : Eau-forte pure. Deuxième état : Le poisson de gauche a disparu & la planche est reprise à la pointe sèche. Troisième état : Travaux de mécanique & le poisson qui est dans le coin à gauche est devenu une perche.

414. Pluviers et vanneaux. — H. 94m. L. 154m. — Ils se promènent le long d'un étang bordé de roseaux & de saules. Au ciel, une file d'oiseaux. 1862.

Premier état : Eau-forte pure. Deuxième état : Roulette sur toute la planche & traits de burin horizontaux dans le ciel.

415. Étalon anglais. — H. 107m. L. 155m. — Dans une plaine entourée de palissades, un étalon noir, avec trois balzanes. En bas : d'après la photographie de H. Tournier. Mexico. Étalon de la petite race de Clydesdale. *Ch. Jacque sc.*

Premier état : Eau-forte pure. Deuxième état : Roulette & pointe sèche dans le ciel.

416. Essai d'après Aldegræver. — H. 96m. L. 64m. — Une femme nue debout, tenant un vase d'une main, donne l'autre à un enfant également nu qui porte un carquois. Essai de gravure par un procédé particulier. En bas le monogramme du premier graveur.

417. Le lièvre. — H. 93m. L. 150m. — Un lièvre fuit de toute

sa vitesse, tandis qu'au fond le chien le cherche, suivi des chasseurs. Gravé pour la *Vie à la campagne.* 1862.

Premier état : Eau-forte pure. Deuxième état : Travaux de mécanique.

418. PERDRIX ROUGES. — H. 93^{m}. L. 152^{m}. — Deux perdrix rouges entourées de hautes herbes ; trois autres perdrix s'enlèvent dans le ciel. 1863. Signé : *Ch. Jacqne p^t. s^t.*, & au-dessous : *Perdrix rouges.*

Premier état : Eau-forte pure. Deuxième état : Pointe sèche dans le ciel ; le fond & les perdrix qui volent sont entièrement refaits à la roulette & au burin.

419. HÉMIONE. — H. 125^{m}. L. 182^{m}. — Gravure au vernis mou & à la roulette. 1863. Signé : *Ch Jacque.* Gravé pour la *Vie à la campagne*, comme le précédent.

420. GRAVE ! GRAVE ! TRÈS-GRAVE ! — H. 106^{m}. L. 140^{m}. — Un garde champêtre a surpris cinq petits voleurs de bois qui implorent leur pardon à genoux. Il prend une prise d'un air rogue. Auprès de lui, son chien prend une tournure de circonstance. Publié dans la *Vie à la campagne.* Signé : *Ch. Jacque sc.* G^{ve} Doré pinx^{t}.

Premier état : Eau forte & quelques retouches de burin dans les têtes. Deuxième état : Roulette par toute la planche.

FIN.

TABLE.

Collection publiée en 1864.

Collection publiée en 1865.

SÉRIE B.

Pointes sèches.

SÉRIE C.

Divers.

Publications illustrées.

PARIS — J. CLAYE, IMPRIMEUR, RUE SAINT-BENOIT, 7.

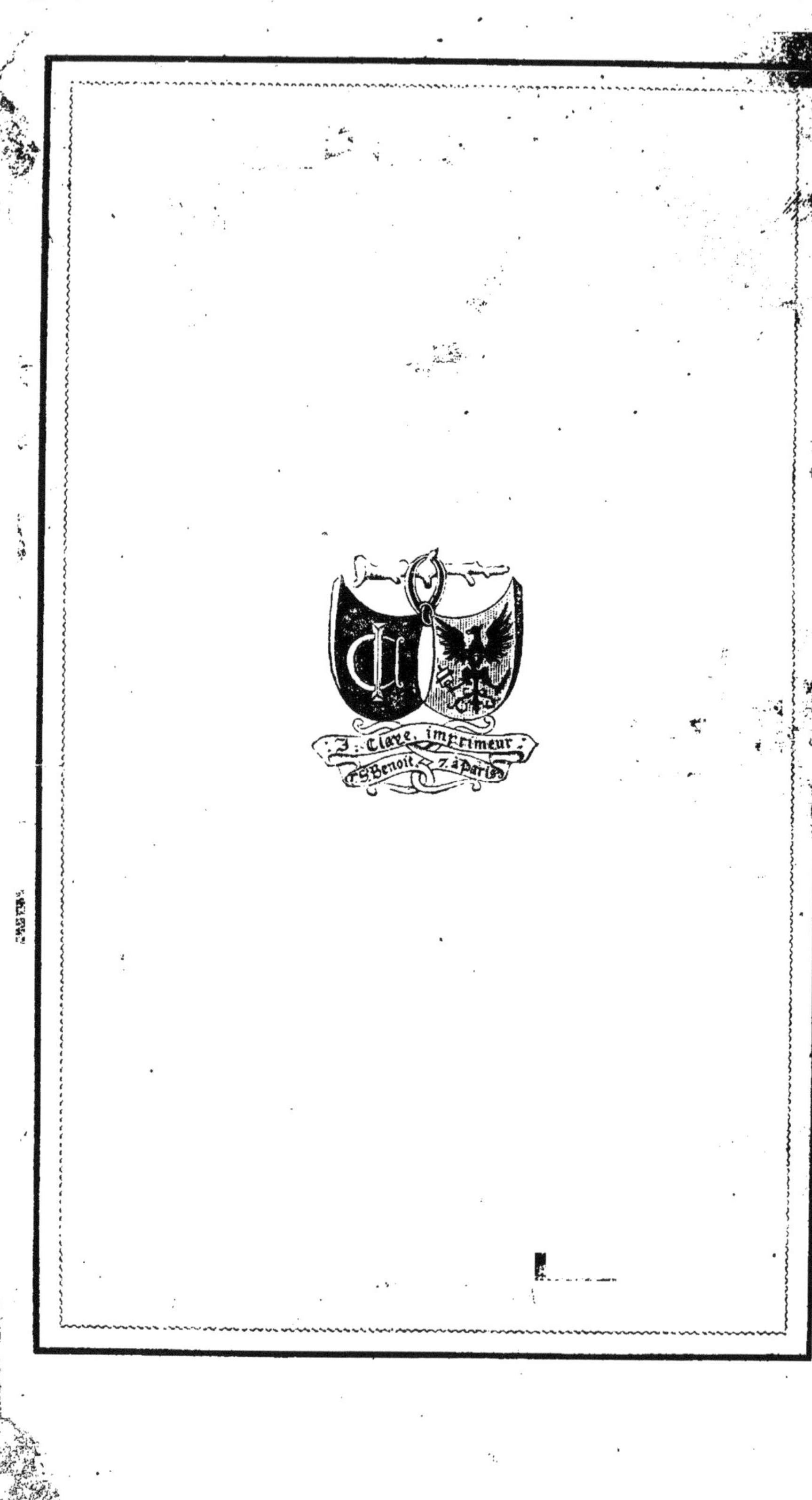
J. Claye, imprimeur
r. S. Benoit, 7. à Paris

www.ingramcontent.com/pod-product-compliance
Ingram Content Group UK Ltd.
Pitfield, Milton Keynes, MK11 3LW, UK
UKHW020605180726
13838UKWH00001B/435